Y
5683.
C

X
1312
B

feldets

Y
5683.
C.

Ex libris Recollectorum

L'INCONSTANT VAINCV.

Conventûs Parisiensis

PASTORALE EN CHANSONS.

A PARIS,
Chez IEAN GVIGNARD, dans la
Grand'Salle du Palais, à l'Image
de Saint Iean.

M. DC. LXI.
AVEC PRIVILEGE DV ROY.

LE LIBRAIRE
A QVI LIRA.

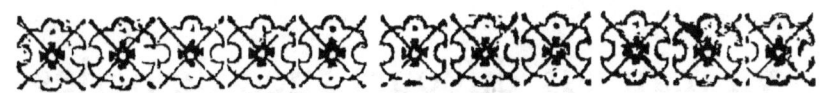E n'est pas d'aujourd'huy qu'on a commencé à composer des Poëmes entiers de tirades de Vers empruntez d'vn ou de plusieurs Autheurs, appropriez à vn sujet étranger. Parmy les œuures d'vn des plus celebres Poëtes de France, il se voit vne Piece de diuers morceaux tirez de Virgile, dont l'assemblage & le rapport ont paru si industrieux aux Personnes du bon goust, qu'on a iugé que cet Autheur auoit beaucoup mieux reüssy en cette Rapsodie, qu'il n'eust pû iamais faire en composant des Vers tout exprés. On peut souuent faire

vn mauuais difcours auec de belles paroles, comme on peut malaifément faire vn beau baftiment auec la démolition d'vn Palais magnifique, en changeant la fymmetrie : Mais ce Poëte a trouué le fecret de faire vn Edifice bien ordonné auec le débris confus d'vn ordre tout diferend, & a fait parler Virgile tres à propos dans vn fujet qui n'a aucun rapport auec l'hiftoire d'Enée. L'Autheur de cette Paftorale a fait la mefme chofe, quoy que dans vne matiere diferente; & i'ofe affeurer qu'il ne déplaira pas, puis que les Vers des plus beaux Airs qui ayent paru iufques icy, font entrez en la compofition de cette Piece : on doit auoüer que cette forte de Poefie a fur toute autre tous les agrémens de l'Art, & que les paroles qu'on prend la peine de faire pour mettre en Mufique font à prefent d'vn choix tres-exquis, d'vne agreable & facile prononciation, d'vn ſtyle concis & galand, & qui enferment pour l'ordinaire les plus riches penſées qui puiſſent tomber dans l'imagination des Eſprits enioüez. Apres tout, la conduite de l'Autheur a eſté ſi heureuſe dans le triage & l'aſſortiment de ces ſortes de Vers qui s'y trouuent ſi à propos & ſi peu contraints, qu'à peine les plus ſçauans en cet Art en euſſent pû faire de meilleurs & de plus conuenables. Vous reconnoiſtrez cette verité, ſi vous prenez la peine de lire cette Piece; & ſans la flater aux deſpens de celle qui parut en public il y a enuiron vingt ans ſous le nom de *Comedie en Chanſons*, vous en iugerez ſans doute la diference en faueur de cette derniere, que i'ay pris ſoin de vous donner curieuſement & correctement imprimée pour voſtre ſatisfaction, quoy que ſon Autheur n'ait eu pour but que la ſienne propre. Adieu.

ARGVMENT.

LYSIS Berger amoureux, mais inconstant, declare auec beaucoup d'empressement ses affections à Celimene, qui l'écoute fauorablement, & luy en témoigne de reciproques par quelques douceurs innocentes. Lysis cependant jette les yeux sur Philis Compagne de Celimene, passionément aimée du Berger Tirsis, qu'elle traittoit auec seuerité, laquelle ne traitta pas Lysis auec plus de douceur; mais au contraire ayant auersion pour l'inconstance de ce Berger, en donne aduis à Celimene, qui piquée de cette legereté, se resout en mesme temps de satisfaire à son juste ressentiment, aux despens mesme de son amour; ce qu'elle execute auec tant de chaleur, que Lysis, apres quelque plainte qu'il en fait à son Amy Siluandre, cherche dans son inconstance ordinaire le remede de son déplaisir; à quoy seruent beaucoup les persuasions de Gillot Goinfre parfait, qui luy fait voir les douceurs qui se trouuent dans la débauche du Cabaret, où tous les ennuis & les déplaisirs se noyent dans le vin. Lysis se sert de cet aduis, & se resout de ne plus faire la cour qu'à la Bouteille. Cependant la colere de Celimene s'adoucit, & l'amour qu'elle a pour son Lysis se rèueille dedans son cœur plus que iamais : Elle declare à sa Compagne Philis le retour de sa passion, & ne se peut mesme empescher de la témoigner à Lysis en deux occasions diferentes, pour le ramener à son seruice, mais assez inutilement, ayant trouué ce Berger tantost le cerueau plein des fumées de la débauche, & tantost dedans le ressentiment du rebut de cette Fille. Enfin elle délibere auec Philis de suiure ce débauché jusques dedans le Cabaret, pour y faire vn dernier effort de ralumer dedans le cœur de ce Berger la flâme qui y paroissoit entierement éteinte, cependant que le pauure Tirsis soûpiroit dedans vne Solitude, mal traitté & éloigné des beaux yeux de sa chere Philis. Celimene reüssit en son entreprise auec tant d'adresse, qu'au milieu d'vne débauche elle fait vne nouuelle conqueste du cœur de son Berger, qui se reünit auec le sien, auec promesse de ne s'abandonner iamais, malgré la repugnance de Gillot. Ces deux Amans rassemblez conjurent Philis d'auoir pitié de la constance de Tirsis, de qui la perseuerance meritoit bien d'estre recompensée. Philis y consent, ils vont tous chercher ce pauure Berger affligé, qui n'attendoit plus que de la Mort le remede à ses afflictions ; ils ressuscitent ses esperances perduës, & rentre aussi bien que Lysis en possession de la Bergere dont l'amour lay auoit tant cousté de soûpirs, & la Piece finit par ce double mariage.

Extrait du Priuilege du Roy.

PAr Grace & Priuilege du Roy, donné à Paris le dernier iour de Ianuier 1661. Signé, Par le Roy en son Conseil, DV FRESNE, & scellé du grand Sceau de cire jaune ; Il est permis à Estienne Loyson, Marchand Libraire à Paris, d'imprimer, faire imprimer, vendre & debiter, vn Liure intitulé, *L'Inconstant Vaincu, Pastorale en Chansons*, & ce durant le temps & espace de cinq années entieres & accomplies, à compter du iour que ledit Liure aura esté acheué d'imprimer : Et defenses sont faites à tous autres Libraires & Imprimeurs, d'en imprimer, faire imprimer, vendre, ny debiter, que de ceux que ledit Loyson aura imprimez, à peine aux contreuenans de trois mille liures d'amende, & de tous despens, dommages & interests, ainsi que plus au long il est porté és Lettres de Priuilege, lesquelles en vertu du present Extrait seront tenuës pour deuëment signifiées.

Registré sur le Liure de la Communauté, suiuant l'Arrest de la Cour de Parlement. Signé, G. IOSSE, Syndic.

Ledit Loyson a associé au present Priuilege Iean Guignard, aussi Marchand Libraire, pour en joüir suiuant l'accord fait entr'eux.

Acheué d'imprimer le 5. Mars 1661.
Les Exemplaires ont esté fournis.

ACTEVRS.

LYSIS, Amoureux inconstant.

CELIMENE, Amante de Lysis.

GILLOT, Goinfre.

TIRSIS, Amoureux de Philis.

PHILIS, Amante de Tirsis.

SILVANDRE, Amy de Lysis & de Tirsis.

ROBIN, Valet de Gillot.

ALISON, Hosteliere.

La Scene est dans vn Village.

L'INCONSTANT VAINCV.

PASTORALE EN CHANSONS.

ACTE I.
SCENE PREMIERE.
LYSIS seul.

LA Beauté qui tient ma franchise,
  A des charmes si doux, & des traits si puissans,
  Qu'encore qu'elle me méprise,
Et que ses yeux vainqueurs soiét plus doux qu'innocés,
  Ie cheris si fort son empire,
    Que malgré ma raison,
    Ie benis la prison
  Qui cause mon martyre.

A

L'Inconstant Vaincu,

Il est vray qu'elle est insensible,
Et ne croy pas flechir son extréme rigueur;
Ie préuoy qu'il m'est impossible
De souffrir en ses fers sans mourir en langueur:
Mais ie veux chérir son empire,
Et malgré ma raison,
Adorer la prison
Qui cause mon martyre.
Beaux lieux où l'Art & la Nature
Estalent leurs charmes diuers,
Tableau viuant dont les Hyuers
N'osent effacer la peinture,
Montrez-moy Celimene, ou cachez vos appas,
Si cet Astre ne luit, nous ne les voyons pas.
Onde si paisible & si belle,
Diuin ornement de ces lieux,
Cristal mouuant, sejour des Dieux,
Source de douceur nompareille,
Montrez-moy Celimene, ou cachez vos appas,
Si cet Astre ne luit, nous ne les voyons pas.

SCENE II.
LYSIS, CELIMENE.

CELIMENE à part.

DE tous les maux ie sens le pire,
Ie brûle sans oser le dire;
Se trouue-t'il quelque tourment
Qui puisse égaler mon martyre,
Sans espoir d'vn allegement?

Pastorale en Chansons.

Sous la dure loy du silence,
Dont ie souffre la violence,
Mon cœur se consomme d'amour;
Et sans dire ce que ie pense,
I'expire mille fois le jour.
    Nymphes de ces Fontaines,
Qui sous le cristal de ces eaux,
Libres des amoureuses peines,
Accordez vostre voix au bruit de ces ruisseaux;
Que vostre destin est heureux,
De ne ressentir pas les tourmens amoureux!

LYSIS en l'abordant.

Astre qui me donnez le jour,
De qui i'adore la viue clarté,
Voyez vn cœur aussi remply d'amour
    Que vous de beauté:
    Dans ma discretion,
Quoy que ie cache mon affection,
    Quand ie vous admire,
    N'est-ce pas vous dire
    Mon intention?
Ce tein plus beau que le Soleil,
Cette jeunesse qui nous éblouït,
Est à mes yeux comme vn bouton vermeil
    Qui s'épanoüit:
    Et dans ma passion,
Bien que ie cache mon affection,
    Mon cœur qui soûpire
    Ne peut mieux vous dire
    Mon intention.
Si vos regards auoient moins d'appas,
Mon cœur qui souffre, n'aspireroit pas

L'Inconstant Vaincu,

A des douceurs qui flatent mes desirs,
Et causent mes soûpirs:
Cessez, helas! cessez.

CELIMENE.

Tu me tourmente nuit & jour,
Et tu ne veux que de l'estime tendre;
Mais à le bien prendre,
Tu veux de l'amour.

LYSIS.

Chere Beauté, est-ce commettre vn crime,
Pour de l'amour, de vouloir de l'estime?
Quand vous verrez & l'Amour, & ses charmes,
Possible aussi luy rendrez vous les armes.

CELIMENE.

Ie crains mesme la rigueur de ce Dieu vainqueur,
Car bien souuent il passe des yeux jusqu'au cœur.

LYSIS.

Ne craignez rien, dans l'amoureux Empire
Le mal n'est pas si grand que l'on le fait;
Et lors qu'on aime, & lors qu'vn cœur soûpire,
Son propre mal souuent le satisfait.
C'est bien à tort que l'on se pleint d'Amour;
Quoy que ie brûle nuit & jour,
Helas! mon bonheur est extréme;
Rien n'est fâcheux aux vrais Amans,
Ie n'en ressent point de tourmens,
Ou si i'en ressent, ie les aime.
Le mal d'aimer, c'est de le vouloir taire;
Pour l'éuiter, parlez en ma faueur,
Amour le veut, n'en faites point mystere,
Mais vous tremblez, & ce Dieu vous fait peur.

Pastorale en Chansons.

CELIMENE.

L'on y doit bien songer,
Auant que s'engager
Sous l'amoureux Empire.
Vn Amant dit assez qu'il languit, qu'il soûpire;
Mais apprenez, Lysis, qu'vn mal que l'on peut dire,
N'est iamais si grand qu'on le dit.

LYSIS.

Ignorez-vous encor mon amoureux martyre?
Ay-je parlé trop bas quand ie l'ay declaré?
Helas! en vous voyant, n'ay-je pas soûpiré?
Pour le mieux exprimer, que falloit-il vous dire?
Ne dissimulez plus, vous sçauez que i'expire,
Mon cœur vous l'a trop dit pour l'auoir ignoré;
I'ay poussé des soûpirs, i'ay répandu des larmes,
    Pour toucher vostre cœur;
Ces pleurs, & ces soûpirs, sont d'inutiles armes
    Contre vostre rigueur.
    Apres ce qu'on m'a veu souffrir,
    Que n'ay-je point fait pour vous plaire?
    Et si ce n'est qu'il faut mourir,
    Ie ne sçay plus ce qu'il faut faire
Pour plaire à vos beaux yeux qui trouuent des delices
    A faire vn malheureux;
Amour m'a fait sentir tout ce que ses supplices
    Ont de plus rigoureux.
    Tous vos mépris sont impuissans
    Pour m'oster l'ardeur que ie sens;
Ie souffre mon amour malgré vostre colere,
Ie suis né pour languir, comme vous pour charmer;
    Et si vos yeux sçauent bien plaire,
    Mon cœur sçait encor mieux aimer.

CELIMENE à part.

Au secours, ma raison, mon cœur cede à ses charmes,
　　Employe tes plus fortes armes
　　Pour resister à ce vainqueur:
Mourons, mourons plûtost que de nous rendre.
　　Helas ! ie voudrois me defendre,
　　Mais ie n'ay plus de cœur.

LYSIS.

Hé ! quoy, vous rougissez, mignonne,
Vos yeux parroissent enflâmez:
Serrez ma main, si vous m'aimez,　　*Il la prend*
Ie ne le diray à personne;　　　　　 *par la main.*
On ne le sçaura qu'entre nous,
Belle, que ie brûle pour vous.
Elle rougit, elle baisse les yeux,
Et me serrant la main tout bas, elle soûpire,　*Il luy*
Peut-elle mieux s'expliquer sans le dire?　　　*quitte*
　　C'est ainsi que ton jeune cœur　　　　　　*la main.*
Me fait voir son desir au plus fort du silence
　　Qui luy fait violence;
Ie reconnois ta peine, & ta langueur,
Et que l'Amour naissant dans vne ame discrette
Est vn Enfant dont la langue est muette.

CELIMENE.

I'ay juré mille fois de ne iamais aimer,
Et ie ne croyois pas que rien me pût charmer:
Mais alors que ie fis ce dessein temeraire,
Lysis, vous n'auiez pas entrepris de me plaire;
Ma raison contre vous ne fait plus son deuoir,
Et de l'Amour enfin ie connois le pouuoir.
　　Helas ! de mon erreur trop tard ie m'apperçois,
Ie croyois que ce Dieu ne rangeoit sous ses loix

Pastorale en Chansons.

Que ceux qui de ses traits sçauent mal se défendre;
Mais je sens que mon cœur malgré moy se va rẽdre;
Ma raison contre vous ne fait plus son deuoir,
Et de l'Amour enfin ie connois le pouuoir.

LYSIS.

Rien n'est égal à mon amour extréme,
 Iamais Amant ne fût plus enflâmé;
Et quand on peut aimer autant que i'aime,
 Il est permis d'esperer d'estre aimé:
Malaisément vous pouuiez vous defendre
 De mes respects, & de ma passion,
Ayant par eux quelque droict de prétendre
 Vn peu de part à vostre affection.

CELIMENE.

Mon Lysis, ie te veux aimer,
 En dépit que l'on die,
Et en tous lieux ie veux témoigner
 L'excés de mon enuie.
 Adieu, ie te laisse,
 Car dans cet instant
 Ma Mere m'attend,
Qui m'accuseroit de paresse.

LYSIS.

Adieu, Beauté si charmante, & si rare,
Puis que le Ciel pour vn temps nous sepáre;
Ie vous laisse mon cœur tout enflâmé d'amour,
Et ie n'emporte rien que l'espoir du retour.

SCENE III.

GILLOT seul.

Vante qui voudra la doctrine,
Ie me ris des discours de Pline,
Et de tant de Liures diuers;
L'esprit d'vn Beuueur les surpasse,
Car il peut en Prose & en Vers
Plus que les Muses du Parnasse.
 Quand i'ay souuent vuidé mon verre,
Ie sçay le circuit de la Terre,
Et tous les mouuemens des Cieux;
Ie connois le Pôle Antarctique,
La distance de tous les lieux,
Et la Ligne Climaterique.
 Ayant du vin ie m'étudie
Au poinct de la Philosophie,
C'est où l'on voit mon jugement;
Ie suis sçauant en Rhetorique,
Et pour dresser vn Argument,
Ie me mocque de la Logique.
 Le Cabaret est mon College,
Le Dieu du Vin qui m'y protege,
Et rend mon esprit sans pareil,
Me fait voir dans plusieurs Bouteilles
Rouler la Lune & le Soleil,
Pour vne des moindres merueilles.

Pastorale en Chansons.

Ouide en sa Metamorphose,
Platon en sa Metempsycose,
N'estoient tous deux que des resveurs;
De faire comme eux c'est vn crime,
S'ils auoient esté bons beuueurs,
On en feroit bien plus d'estime.
   Bacchus droit icy m'ameine
      Boire dans la Fontaine
      Qui me rend sçauant;
   De luy i'apprens la mesure certaine
      De ses Vers en beuuant;
      Ie veux suiure le sort
      Qui gouuerne ma vie,
      Puis qu'il me meine au port
      Où tire mon enuie;
Ioyeux s'il me conduit dedans le Cabaret
Entre mes deux Amis, le blanc & le clairet.
   En les voyant tous deux,
      Ie sens vne allegresse
      Ainsi qu'vn amoureux
      Quand il voit sa Maistresse;
      Mon inclination
      Est de boire & de rire;
      Content, ma passion
      Plus auant ne desire;
Ioyeux, ie vais chercher dedans le Cabaret
Mes deux plus chers Amis, le blanc & le clairet.

SCENE IV.

PHILIS seule.

Es yeux en tout ce sejour
Font naistre mille allarmes;
Ie donne à tous de l'amour,
Et n'en ay point de charmes;
Cupidon me rend les armes,
  Car mon cœur a le secret appris
  De prendre sans estre pris.
  I'ay le plaisir tous les jours
De voir le beau Siluandre
Prosterné à mes genoux,
Me faire mil offrandes;
Mil Amans tous transportez
Me suiuent à la trace,
Ils brûlent de tous costez,
Et ie ne suis que glace.
    Allons passer le chaud du jour
    Sur cet ombrage;
Où l'eau fait tout à l'entour
    Vn beau détour.
    Les Oyseaux y font leur cour
    En leur langage,
Et se disent tour à tour
    Des chants d'amour. *Elle s'assit.*

Pastorale en Chansons. 11

SCENE V.

PHILIS, TIRSIS.

TIRSIS à part.

J'Ay perdu ma liberté,
Sans cesse ie soûpire
Pour vne jeune Beauté
Que tout le monde admire:
Ha! quelle étrange cruauté,
D'aimer, & ne rien dire.

A peine auoit-elle atteint
Le printemps de son âge,
Qu'Amour estoit déja peint
Dessus son beau visage,
Les roses & les lys de son teint
Causent mon esclauage.

Si ses yeux estoient moins beaux,
Sa gorge moins polie,
Ie n'aurois tant de Riuaux,
Ny tant de jalousie;
Ie voudrois bien que Philis
Ne fût pas si jolie.

Ie voudrois bien luy dire
L'excés de mon martyre;
Mais il faut dissimuler,
Car sa vertu me fait taire,
Si ses yeux me font parler;

Amour, assiste-moy, & fais que quelque jour
Ie puisse posseder ce miracle d'amour.

PHILIS chante vn Air.

Tu demande, Tirsis, si ie plains ton martyre,
 Ou si pour toy ie n'ay que du mépris;
 Helas! helas! on m'a souuent appris,
Que quand on aimeroit, il ne le faut pas dire.

TIRSIS ayant oüy la Chanson de Philis.

Ha! que les yeux de Philis ont d'appas!
Que sa belle bouche est charmante!
Elle rauit mesme ne parlant pas,
Et fait mourir quand elle chante.
Que vous auez de qualitez que i'aime! En l'abor-
Vous chantez bien, & vous dansez de méme, dant.
Et vostre esprit est des mieux acheuez;
Vostre douceur me fait poser les armes,
Encor Philis ie ne dis pas les charmes
  Que vous auez.

PHILIS.

Ceux qui raillent le mieux les Filles,
Seront les premiers surpris;
Puis quand ils seront épris
Des plus belles & plus gentilles,
Elles diront c'est nostre tour
Pour nous moquer de vostre amour.

TIRSIS.

Vous auez, belle Philis,
Le teint plus blanc que les lys,
Et le Printemps n'eust iamais
Tant d'œillets & tant de roses,
Que vos beaux yeux ont d'attraits.
Ces beaux yeux de mille cœurs
Sont tous les jours les vainqueurs;

Et l'Astre qui luit à tous,
N'a pas assez de lumiere
Pour paroistre deuant vous.
PHILIS.
Tirsis, c'est assez nous en dire,
Prenez bien garde à vostre fait,
En raillant vous auez bien fait;
Mais ce que ie trouue de pire,
C'est que nous aurons nostre tour
Pour nous moquer de vostre amour.

Philis se leue, & laisse tomber vne boiste de Portrait que Tirsis ramasse.

TIRSIS bas.
Superbes ennemis du repos de mon ame,
Dont la brûlante flame
Fait trembler tous les cœurs
Sous l'effort de vos coups;
Ne vous offensez pas, beaux yeux, si ie soûpire,
Helas ! c'est du martyre
De n'oser soûpirer pour vous.
Ie garde le respect, ie ne dis point que i'aime,
Ie souffre vn mal extréme;
Et tout prest de mourir,
Ie crains vostre couroux.
  Que la peinture   *A Philis.*
Et ses traits sont injurieux;
Aimable Philis, la Nature
Vous a bien fait de plus beaux yeux
  Que la peinture.
  Que ie vous aime,
Objet dont mon cœur est charmé;
Vous en deuez faire de mesme,
Iamais Amant n'a tant aimé
  Que ie vous aime,

B

Ie vous le donne
Ce petit aduis en secret;
Si voſtre cœur n'eſt à perſonne,
Et que le mien ſoit voſtre fait,
Ie vous le donne.

PHILIS.

Ie vous rends grace
De l'aduis que vous me donnez?
Perſonne n'occupe la place;
Mais ſi pourtant vous y venez,
Ie vous rends grace.

TIRSIS.

Auec excés ie vous aime,
Ne m'aimez-vous pas auſſi?

PHILIS.

Souuent vn amour extréme
Porte en crouppe le ſoucy;
Pour moy, de vous trop aimer
On ne me ſçauroit blâmer.

TIRSIS.

Pourriez-vous eſtre blâmée
D'aimer vn fidele Amant?

PHILIS.

Eſtre aimée, ou non aimée,
Ne m'importe nullement.

TIRSIS.

De noſtre amour reciproque
Cueillons les plus doux appas.

PHILIS.

Ie parle ſans équiuoque,
Et vous ne m'entendez pas;
Ie dis que de vous aimer
On ne me ſçauroit blâmer.

TIRSIS.

De trop m'aimer qu'on vous blâme,
On ne peut, le dites-vous.

PHILIS.

Ie ne crains d'Amour la flame,
Son arc, ses traits, ny ses coups.

TIRSIS.

Pouuez-vous, estant si belle,
Viure, & n'auoir point d'amour?

PHILIS.

Plutost qu'Amour me bourrelle,
Ie perdray cent fois le jour.

TIRSIS.

Quelqu'autre Amant vous possede
Qui merite moins que moy.

PHILIS.

A vostre amour le remede
Est m'offenser, ie le croy,
Et de me vouloir blâmer
Pour ne pouuoir vous aimer.

TIRSIS.

En vous disant ce que ie pense,
Belle Philis, ie vous offense;
Mais aussi ie fais tort à vos diuins appas,
En ne vous disant pas
Ce que ie pense.
En vous aimant ie fais vn crime,
M'en dois-je tenir à l'estime?
Mais mõ cœur & l'Amour sõt d'accord en cepoinct,
Qu'en ne vous aimant point,
Ie fais vn crime.
Toute autre aimeroit ma poursuite,
Et me voudroit du bien.

L'Inconstant Vaincu,

PHILIS.
Pour croire trop à ton merite,
Tu ne merite rien.

TIRSIS.
C'est mal récompenser la peine
D'vn pauure cœur mourant.

PHILIS.
Pense-tu que ton ame vaine
M'oblige en m'adorant?

TIRSIS.
Vous paroissez d'aise charmée
Au fort de mes tourmens.

PHILIS.
Ie me ris de me voir aimée,
Moy qui hait mes Amans.

TIRSIS.
Admirez ma perseuerance,
Ne me méprisez pas.

PHILIS.
Ne te flate point d'esperance,
Tirsis, tu perds tes pas.

TIRSIS.
Soulagez mes ennuis.

PHILIS.
Ie ne puis.

TIRSIS.
Que vous estes cruelle.

PHILIS.
Laisse-moy telle que ie suis.   *Elle sort.*

TIRSIS.
Tout prest d'abandonner ces lieux,
I'emporte auec moy l'image de vos yeux
Pour y voir éclater les brillans de ma flame;
Pardonnez ce larcin qui causeroit ma mort,

Puis que dans ce dernier effort
Ie ne fais qu'emporter vos rigueurs dans mon ame.

SCENE VI.

LYSIS seul.

Dans noſtre Village
On vit fort content;
Chacun va chantant
Ayant acheué ſon ouurage,
Et le reſte du jour
Va faire l'amour.
  Ils ſont à leurs Belles
Si fort attachez,
Qu'ils ſeroient touchez
D'vne inquietude mortelle,
S'ils paſſoient vn jour
Sans faire l'amour.
  Iamais la triſteſſe
Ne regne en ces lieux,
Les ris & les jeux
Y font leur demeure ſans ceſſe;
Ha! l'heureux ſejour,
Où l'on fait l'amour.
  Vn fâcheux éloignement
M'a bien donné du tourment,
Et m'en donne encore,
Car ie ne voy point venir
Celle que i'adore.

Tout finit en ces bas lieux,
Mais non le soin ennuyeux
Qui mon cœur deuore,
Si ie ne voy reuenir
Celle que i'adore.
Ie tâche en vain de faire resistance
A la douleur d'vne si longue absence,
De mille ennuis mon cœur est consommé;
Qui le croiroit, Amour, qu'on pût sous ton empire
Souffrir tant de martyre,
Quand on a le bonheur d'aimer, & d'estre aimé?
Ie pense voir en ma langueur extréme
Mille dangers attaquer ce que i'aime,
Et mon esprit est sans cesse allarmé;
Qui le croiroit, Amour, qu'on pût sous ton empire
Souffrir tant de martyre,
Quand on a le bonheur d'aimer, & d'estre aimé?
Nymphe de ces Bois
Qui sçauez mon martyre,
Répondez à ma voix,
Ne me sçauriez-vous dire
Ce retour que i'attens,
Viendra-t'il dans quelque temps?
Mais y dois-je aller
Sans faire plus d'attente? ———tente.
I'entens Echo parler,
Qui me dis que ie tente;
Beau retour que i'attens,
Tu me fais languir long-temps.
Crois-tu qu'en y allant
Mon bonheur s'achemine? ———chemine.
Ha! que ie suis content,
Elle répond, chemine;
Beau retour que i'attens,

Pastorale en Chansons.

Tu me fais languir long-temps.
  Adieu, Nymphe, adieu,
Plus ie ne defefpere; ———— efpere.
Au partir de ce lieu,
Elle me dit, efpere;
Beau retour que i'attens,
Tu me fais languir long-temps.

Fin du premier Acte.

ACTE II.

SCENE PREMIERE.

CELIMENE seule.

Mes Amours ne sont pas icy,
Mon cœur en est bien loin aussi;
Si ie parle, ou si ie respire,
Ce n'est que pour luy seulement;
Est-ce toy, mon cœur, qui soûpire,
Ou celuy de mon cher Amant?
  En s'en allant, il me dit bien
Qu'il me laissoit aussi le sien;
Iamais sous l'amoureux Empire
Bergere n'eust tant de tourment;
Ce n'est plus mon cœur qui soûpire,
C'est celuy de mon cher Amant.
  Mais si ie n'auois point de cœur,
D'où me viendroit cette langueur?

SCENE II.
CELIMENE, LYSIS.

LYSIS à part.

Que d'épines, Amour, accompagnent tes roses!
Que d'vne aueugle erreur tu laisse toutes choses
  A la mercy du sort!
Qu'en tes prosperitez à bon droict on soûpire!
Et qu'il est malaisé de viure en ton empire
  Sans desirer la mort!
I'aime, ie le confesse, vne jeune merueille
En toutes qualitez à nulle autre pareille,
  Seule semblable à soy;
Et sans faire le vain, mon auanture est telle,
Que de la mesme ardeur que ie brûle pour elle,
  Elle brûle pour moy.

CELIMENE à part.

Ie le voy, le voicy,
Celuy qui charme mon soucy;
Dis-moy, qui t'a retenu,   *à Lysis.*
Que tu es si tard venu?

LYSIS.

I'ay tant cherché ma Beauté,
Qu'enfin ie l'ay trouuée,
Et ie croy en verité
Qu'auec vous elle est née.
  Celimene, vous l'emportez
Dessus toutes les Beautez;

Il n'est rien d'égal à vous,
Vous estes sans seconde,
On ne voit rien de plus doux
Aux yeux de tout le monde.
CELIMENE.
Lysis, que i'aime le sejour!
LYSIS.
Belle, que i'ay pour toy d'amour!
CELIMENE.
Ioüissons des plaisirs de la saison nouuelle.
LYSIS *bas*.
I'aimerois mieux joüir de toy, cruelle.
CELIMENE.
Cueillons des fleurs.
LYSIS.
Que ie cueille vn baiser!
CELIMENE.
Laisse-moy.
LYSIS.
Laisse-moy mon tourment appaiser.
CELIMENE.
Goustons des plaisirs innocens.
LYSIS.
Goustons ce qui rauit nos sens.
CELIMENE.
Il n'est rien de si doux que le repos de l'ame.
LYSIS.
Rien de si doux que l'Amour, & sa flame.
CELIMENE.
C'est vn Enfant.
LYSIS.
C'est le plus grand des Dieux.
CELIMENE.
Ie le fuis.

Pastorale en Chansons.
LYSIS.
Tu le fuis! & tu l'as en tes yeux.
CELIMENE.
Meslons nos voix pres de ces eaux
Aux accents des Oyseaux.
LYSIS.
Bergere, approche-toy de ce plaisant boccage,
Entends de ces Oyseaux l'agreable ramage;
Ce qui chante la nuit, ce qui chante le jour,
Ma Belle, tout cela ne parle que d'amour.
Bergere, voicy la saison   *Ils s'asseoient.*
Que l'herbe est reuerdie,
Chante donc vne Chanson.
CELIMENE *chante.*   [cœur,
Au secours, au secours, ma raison, au secours de mon
Le perfide se rend sans faire resistance,
Et cede aux loix de son vainqueur,
Seduit par la seule asseurance
D'vn vaine douceur,   [cœur.
Au secours, au secours, ma raison, au secours de mon
LYSIS.
Ha! Dieu, que tu as bien chanté,
Quoy, déja tu te lasse;
Ie n'ay iamais rien écouté,
Ny de si bonne grace;
Ie diray plus de mille fois,
Ha! Dieu, quelle angelique voix?
CELIMENE *chante vn second couplet.*
Second couplet.
Mais helas, mais helas, qu'il vient tard le secours que
i'attens,
La place est déja prise, & i'ay rendu les armes,
Et c'est en vain que ie pretens
Resister contre tant de charmes;

Helas ! il n'eſt plus temps,
Mais helas, mais helas, qu'il vient tard le ſecours qu[e]
i'attens.
LYSIS.
Tes attraits ſont ſi rauiſſans,
Qu'ils ont charmé mon ame,
Et tes frédons ſi gemiſſans,
Que ie brûle & ie pâme,
Si-toſt que i'entens & ie vois
Ton viſage, & ta belle voix.

  I'auois deſſein pour appaiſer
Le feu qui me conſume,
D'aller tout auſſi-toſt baiſer
La bouche qui l'allume,
N'eſtoit la crainte que i'auois
D'interrompre ta belle voix.

  Maintenant que tu as ceſſé,
Et que tu te repoſe,
Quand ie deurois eſtre tanſé,
Si faut-il que ie l'oſe,
De te baiſer à cette fois,
En rendant hommage à ta voix.
CELIMENE.
Laiſſez-moy, Lyſis, ie vous prie,
Vous eſtes en fort beau chemin;
Ha ! que ie hay la folie,
Oſtez de là voſtre main. *Ils ſe leuent.*
LYSIS.
Si c'eſt de ton mouuement
Que ta main par ſa rudeſſe
Gourmande ainſi fierement
La mienne qui te careſſe,
Celimene, mes amours,
Ie vais mourir ſans ſecours.

Pastorale en Chansons.

Alors que vostre belle bouche
Me dit que mon amour vous touche,
Elle me refuse vn baiser;
La cruelle à mes vœux se dément elle-méme,
Puis qu'au moment qu'elle dit qu'elle m'aime,
Elle peut bien me refuser.

CELIMENE.
Mon Berger, si tu veux mettre
Ta belle main sur mon cœur,
Tu peux aisément connestre
Que tu en es le possesseur;
Sois-moy discret, sois-moy fidele,
Baise-moy, ie te le permets,
Mais sur tout n'en parle iamais.

LYSIS.
Belle, si i'adore vos yeux,
Qui pourra me reprendre
D'en estre amoureux?
Ie suis le plus heureux Amant
Qui soit sous les Cieux,
Puis que l'œillade
Qui me rend malade
Me va guerissant.

CELIMENE.
Le feu qui te va consommant
Allume dans mon ame mesme embrasement.

LYSIS.
Mais pour soulager nos ardeurs
Comme nos ames,
Meslons nos flames,
Nos corps & nos cœurs,
Tandis que nostre jeunesse
Nous en donne le loisir.
Veux-tu pas, chere Maistresse,

Icy prendre du plaisir?
Puis que nous auons le temps,
Rendons nos desirs contens.
CELIMENE.
Lysis, que puis-je faire?
Tout m'est contraire
   Pour te guerir;
Ie voudrois bien te secourir;
Mais quand mon cœur le veut,
L'honneur me dit que cela ne se peut,
Et qu'il vaut mieux mourir.
LYSIS.
Quoy donc, ma Celimene,
Tu vois ma peine
   Sans me guerir;
Si tu ne me viens secourir,
Et donner promptement
A mon amour quelque soulagement,
Tu me verras mourir.
  Sçache que tes yeux,
Belle Celimene,
Aux moins amoureux
Causent mille peines.
Que cet œil me plaist!
Dieu, qu'il est aimable!
Qu'il est adorable!
Et qu'il a d'attraits!
  Ce double corail
Qu'on voit sur ta bouche,
Feroit vn Riual
Mesme d'vne Mouche.
Dieu, qu'elle me plaist!
Dieu, qu'elle me touche
Cette belle bouche,

Et qu'elle a d'attraits!
Que j'aime ton sein,
Et qu'il a de charmes!
Malgré ton dédain
Ie luy rends les armes;
Ton aimable cœur,
Lors qu'il y soûpire,
Il semble me dire
Ie suis ton vainqueur.
Reçois donc mes vœux,
Ma chere mignone,
Soulage mes feux,
Amour te l'ordonne;
Goustons les douceurs
D'vne belle vie,
Et malgré l'enuie
Finis mes langueurs.

CELIMENE.

Espere de mon amour
Vn salaire d'importance,
C'est ce moment dont l'amour
Permet la joüissance.

LYSIS.

Donnez à mon amour
Sans attendre du temps,
Ce qu'il obtiendra quelque jour;
Dans cet heureux moment
On donne doublement,
Quand on accorde promptement.
Ta bouche me fait esperer,
Et ton cœur me refuse
De soulager les maux qui s'efforcent de m'affliger,
A quoy me sert de desirer,
Si toûjours tu m'amuse

Par vne excuse
Qui ne sert qu'à me maltraitter?
Parle-moy donc plus franchement,
Iure-moy si tu m'aime,
Et si ton cœur
Aura vn jour pitié de ma langueur.
CELIMENE.
Pour moy ie te dis hautement,
Mon Lysis, que ie t'aime
Plus que moy-méme,
Et que ie brûle incessamment.
Berger le plus gentil de toute l'Arcadie,
Il faut, mon cher Lysis, que ie te congedie,
Le Sort auec les Dieux le veulent, mon Berger;
C'est à ce coup qu'il faut partir
Sans pouuoir plus t'entretenir.
LYSIS.
Quelle rigueur dedans les Cieux
Me separent de vos beaux yeux,
Aimable Celimene?
Du moins au partir de ce lieu,
Pour soulager ma peine,
Mes regards vous diront adieu.
CELIMENE.
Tristes regards, bien qu'innocens,
Pourquoy estes-vous languissans
Au poinct de cette absence?
LYSIS.
C'est qu'éloigné de ce sejour,
En perdant ta presence,
Ils vont perdre leur plus beau jour;
C'est assez, ie laisse mon cœur
Pres du tien qui est mon vainqueur.

CELIMENE.

Et i'asseure ton ame,
Que plutost ie perdray le jour,
Que la brûlante flame
Qu'allume en mon sein ton amour.

LYSIS.

Chere Beauté, de qui l'objet inspire
Mille plaisirs, & donne de l'amour,
Sur ce départ helas! que puis-je dire?
Ie n'en puis plus, Celimene, i'expire
Iusques au retour.

SCENE III.

TIRSIS, SILVANDRE.

TIRSIS.

Puis que l'Amour est mon vainqueur,
Ie suis prest de souffrir
Plus de rigueur
Qu'il n'en faut pour mourir;
Ma Philis me tient sous sa loy,
Et se moque de moy.

SILVANDRE.

Son cœur est de glace, & se rit de toy.

TIRSIS.

Si c'est vn crime que l'aimer,
On n'en doit iustement blâmer
Que les beautez qui sont en elle;
La faute en est aux Dieux

Qui la firent si belle,
Et non pas à mes yeux.
Les regards de Philis auoient tant de douceur,
Que i'ay crû mille fois qu'ils aprouuoient ma flame;
Mais ie ne voy que trop aux rigueurs de son ame,
Que les trōpeurs parloient sans l'ordre de son cœur.
Au moins dans cette erreur i'estois vn peu flaté,
Quād vous m'en gueriffez, vous causez mō martyre;
Inhumaine Philis, ou souffrez que i'expire,
Ou faites que vos yeux disent la verité.

SILVANDRE.

En conscience & verité,
I'estime fort sa bonne mine,
Mais ie crains sa seuerité,
Et croy bien que cette cruelle
En fera bien mourir pour elle.
Quand on approche son visage
Pour en remarquer les beautez,
Ce n'est que colere & que rage,
Ce n'est que feu de tous costez;
Enfin iamais nulle autre prude
N'eust la negatiue plus rude.

TIRSIS.

Qu'elle fasse vn peu la cruelle
Le premier ou le second jour,
Ce n'est pas chose fort nouuelle
A qui sçait que c'est que d'amour;
La pluspart de celles qu'on aime
N'en font-elles pas tout de mesme?

SILVANDRE.

Bien que d'vne Beauté le pouuoir soit extréme,
Qu'elle puisse les Dieux & les Hommes charmer;
Pour moy, si l'on ne m'aime,

Pastorale en Chansons.

Ie ne sçaurois aimer;
Pour Philis i'eus vne flame
Qui ne dura que trois jours.

TIRSIS.

Las ! celle que i'ay dans l'ame
Se conseruera toûjours;
C'est vn Astre sans pareille,
Belle sans comparaison,
C'est la Reyne des merueilles,
Son discours charme l'oreille,
Et fait perdre la raison.

SILVANDRE.

L'on dit qu'il faut viure
Constant amoureux,
Mais ie m'en deliure
Afin d'estre heureux;
Mon froid est extréme,
Iusques à ce poinct,
Que s'il faut que i'aime,
I'aime à n'aimer point.

Philis, ton amie,
Qui peut tout rauir,
N'eust point d'autre enuie
Que de m'asseruir;
Mais ie me ris d'elle,
Et de sa beauté,
Et ne trouue belle
Que ma liberté.

Son œil dont l'amorce
Sçait tout enflamer,
A bien eu la force
De me faire aimer;
Mais ie l'abandonne,
Il n'est plus mon Roy,

L'Inconstant Vaincu,
S'il faut qu'on se donne,
Ie me donne à moy.

Ils se retirent au fonds du Theatre.

SCENE IV.
PHILIS, TIRSIS, SILVANDRE.

PHILIS à part.
IE n'ay iamais dit encore,
Tant mon amour est discret,
Celuy que mon cœur adore,
Car c'est vn trop grand secret;
Ie ne veux pas que luy-méme
Sçache que ie l'aime.
 L'éclat de ses perfections
Iusques au cœur me touche;
Pour dire mes affections,
Ie n'ose ouurir la bouche;
Ie l'aime d'vn amour discret,
Mon feu est caché & secret.
 Il dit qu'il chérit mes appas,
Qu'il vit sous mon empire;
Mais helas! ie ne luy dis pas
Qu'il cause mon martire;
Le mesme feu, le mesme amour
Qui consomme son ame,
Brûle la mienne nuit & jour
D'vne immortelle flame;
Ie l'aime d'vn amour discret,
Mon feu est caché & secret.

Pastorale en Chansons.

TIRSIS à Siluandre.

La Nymphe que i'adore
Apparoist en ces lieux
Plus belle que l'Aurore
Quand elle ouure les Cieux.
  Sa presence admirable
A droict de tout charmer;
Chacun la trouue aimable,
Et l'on ne l'ose aimer.
  Car si sa belle bouche
Auec tant de rigueur
Defend qu'on ne la touche,
Comment toucher son cœur? *à Philis.*
Ie meurs, Philis, adorant vos appas,
Ayez pitié de ma longue souffrance,
Vostre rigueur me conduit au trepas,
Et vous m'ostez le jour, en m'ostant l'esperance.

PHILIS.

Pourquoy vous donner tant d'ennuy,
Vous sçauez mon dessein;
Retirez-vous, Tirsis, dés aujourd'huy,
Sans attendre à demain.

TIRSIS.

Quoy donc, iamais vous n'entendrez
Que ie languis, que ie meurs, que i'expire?
Ha! n'en croyez que ce que vous voudrez,
Mais laissez-moy le plaisir de le dire,
  Par mes langueurs vous apprendrez
Que chaque jour mon tourment deuient pire.

PHILIS.

Ne me parlez point de langueur,
Ie n'aime point ces termes de rigueur,
Ie ne desire point ny vous, ny vostre cœur.

TIRSIS.

Ne croyez pas, Philis, qu'vn cœur sous vostre empire
Tout percé de vos coups, puisse iamais guerir;
En l'estat où ie suis, qui me peut secourir?
    C'est Philis, c'est tout dire,
    Il faut mourir.
Pensez-vous que mes yeux qui causent mon martyre
Ne soient pas de ces yeux pour qui l'on doit mourir?
Ie sçay bien que Philis me pourroit secourir;
    Mais c'est vous, c'est tout dire,
    Il faut mourir.
Tant de soûpirs, de plaintes, & de larmes,
Tant de tourmens soufferts sous l'effort de vos armes
Ne vous ont-ils pas dit quel est vostre pouuoir?
Vous détournez les yeux, & ne voulez pas voir,
Cruelle, ce qu'Amour emporte par vos charmes.

PHILIS.

    Tirsis, ie refuse vos vœux,
    Ie le dis chaque jour;
    Si vous voulez sçauoir ce que ie veux,
    Ie renonce à l'amour.

SILVANDRE.

    Ma Philis, apprenez-nous
    Quel personnage il faut faire,
Pour n'estre pas mal aupres de vous?
On a veu cent Garçons
Se mettre de cent façons,
Et toute leur complaisance
N'a de vous que des glaçons.
    La noblesse, & le grand bien,
    L'esprit, & la bonne mine,
Sont en vostre esprit comptez pour rien;
    Pour auoir vn Amant
    Selon vostre sentiment,

Pastorale en Chansons.

Il faut, Belle dédaigneuse,
Le chercher dans le Romant.

TIRSIS.

Quoy, Philis, vn amour si tendre
Sera-t'il toûjours mal-traitté?
Donner de l'amour sans en prendre,
C'est en vn mot n'auoir point d'équité;
Ie chéris vostre humeur,
Vostre beauté me tuë,
Ie vous donnay mon cœur
Dés que ie vous eus veuë.

PHILIS.

Ie n'aime point, Tirsis, vous le sçauez,
Ne m'aimez point aussi, vous le pouuez,
Gardez bien vostre cœur, du moins si vous l'auez.

SILVANDRE.

Philis, qu'vn malheureux Amant
Auprés de toy souffre vn cruel martyre,
Et que ton empire
Donne de tourment.

TIRSIS.

Déja trois ans ont roulé sur ma teste
Depuis le jour que ie fus sa conqueste.

SILVANDRE.

Hé! quoy, Philis, le cours de trois années
N'ont pû changer ses tristes destinées?

PHILIS.

Il est bien aisé d'enflamer
Vn cœur tout resolu d'aimer,
Le mien n'est pas de mesme.

SILVANDRE.

A quoy bon tant d'appas,
Philis, & n'aimer pas?

Et pourquoy voſtre cœur
A-t'il tant de rigueur?
TIRSIS.
Si ie ne ſuis aſſez aimable
Pour meriter voſtre amitié;
Du moins ſuis-je aſſez miſerable,
Philis, pour vous faire pitié.
PHILIS bas.
Que de peine à diſſimuler!
Et que l'on ſouffre de martire,
D'aimer, & de ne l'oſer dire!   *Elle ſort.*
TIRSIS.
Allez, allez, ſuiuez ſes pas,
Mon cœur, ne l'abandonnez pas,
Demeurez toûjours aupres d'elle,
Amour vous donne cette loy;
N'eſtes-vous pas à cette Belle
Bien plus que vous n'eſtes à moy?
Ha! fuiras-tu toûjours de peur d'oüir mes plaintes,
Et ma juſte langueur?
Crains-tu que la pitié ne donne quelque atteinte
A ton aimable cœur?
Arreſte, arreſte....
SILVANDRE.
Paſſion inſenſée,
Amoureuſe poiſon,
Qui trouble ta penſée
Et t'oſte la raiſon.
TIRSIS.
Siluandre, ne t'efforce plus
Par des remedes ſuperflus
De m'eſtre ſecourable;
Tu ne peux guerir ma langueur,

Pastorale en Chansons.

Ma bleſſure eſt au cœur,
Le mal eſt incurable.
   Le trait qui me perce le cœur
A tant de charmes & de douceur,
Qu'il en eſt agreable;
Et ſa bleſſure a tant d'appas,
Que donnant le trépas,
Ie la tiens deſirable.
   Ceſſe, ceſſe donc deſormais
D'oppoſer tes ſeueres Loix
A mon ſort déplorable;
Que ſi l'Amour eſt vn poiſon,
Plus que ma gueriſon
Ie le tiens ſouhaitable.
   Adieu, Philis, ie vais mourir,
Ie ne me puis defendre
   De tant d'appas
Dont ta rigueur me donne le trépas;
Sois cruelle, ou ne le ſois pas,
Iuſques à mon trépas,
Ie ſçauray ſans feintiſe adorer tes appas,
   Oppoſer ma conſtance
   Dedans mes langueurs,
   Et finir ma ſouffrance
   Dans l'eau de mes pleurs.
   Quelle funeſte récompenſe
Apres tant de fidelité?
Helas! que de ſeuerité
Pour n'auoir point commis d'offenſe?
Mais ſans plus diferer, faiſons voir chaque jour
   Son injuſtice & mon amour.
Vous m'ordonnez de courir au martyre,
   Loin de m'alleger;

D

I'obeïray, Philis, sous vostre empire,
Sans en murmurer.

Fin du second Acte.

ACTE III.
SCENE PREMIERE.

TIRSIS seul, dans le dessein de s'absenter de Philis.

Qv'ont seruy tes conseils, Amour, il faut partir,
Mon destin qu'en vain ie reclame
Me fait malgré moy consentir
A me separer de mon ame:
Helas! ie me consomme en regrets superflus,
Philis, ie ne vous verray plus,
Vous dois-je declarer mon amoureux soucy?
M'est-il permis de soûpirer icy?
Arbres, Rochers, aimable solitude,
Soyez témoins de mon inquietude;
S'il est ainsi, deserts écoutez mon tourment,
Et les douleurs d'vn miserable Amant.
Ie fuis vne Beauté,
Cherchant ma liberté,
Mais ie voy bien que cet éloignement
Ne sert à rien qu'à croistre mon tourment;

D ij

L'Inconstant Vaincu,

Philis, dedans ces lieux
    En vain i'éuite
    L'éclat de vos yeux,
Puis que l'Amour punit ma fuite
    Par le desespoir
   De mourir sans vous voir.
    Ainsi dans mon malheur
   Rien n'aide à ma douleur;
Pres d'expirer, mon sort seroit plus doux,
S'il faut mourir, de mourir pres de vous.
    Méprisante Beauté,
    C'est trop de cruauté,
Que de vouloir m'engager à souffrir,
Et puis sans secours me laisser mourir;
Mon cœur, il faut suiure ton sort,
Allons mourir, nostre esperance est vaine,
Aussi bien l'excés de ta peine
Dans peu de jours te donneroit la mort.
   Adieu, Philis, qui m'estes si contraire,
Ma mort va finir mes langueurs;
Mais pensez quelquefois, objet pour qui ie meurs,
   Si celuy qui meurt pour vous plaire
   Estoit digne de vos rigueurs.

Pastorale en Chansons.

SCENE II.
PHILIS, LYSIS.
Philis entre la premiere, Lysis la suit.

LYSIS.

PHilis, dites-moy pourquoy
Vous vous mettez en colere?
Pour ce que ie viens de faire
Faut-il se plaindre de moy?
Ie n'eus iamais sur ma foy
Dessein de vous déplaire.
  A quoy bon soûpirer tant?
Hé bien, ie vous ay baisée,
La vengeance en est aisée,
Vous m'en pouuez faire autant,
Vous aurez l'esprit content,
Et moy l'ame appaisée.
  Il y va autant du mien,
Qu'il en peut aller du vostre;
Philis, donnez m'en vn autre,
Nous nous rendrons bien pour bien,
Nous ne nous deuerons rien,
Ayant chacun le nostre.
  Pour vous venger doublement,
Baisez-moy cent fois pour vne;
Que si cela m'importune,
Ie beniray mon tourment,

Cherissant incessamment
Vne telle fortune.
PHILIS.
Vrayment c'est pour vous, il vous faut baiser,
Vous ne mettez guieres à vous appriuoiser.
LYSIS.
Que si par timidité
Vous n'osez pas l'entreprendre,
Philis, ie m'en vais en prendre
Autant que i'ay merité;
Si ie manque d'équité,
Vous me ferez tout rendre.
PHILIS.
Allez plus loin faire le fou,
Lysis, pour qui me prenez-vous?
LYSIS.
Ie sens dedans mon cœur certain ie ne sçay quoy,
Et ie suis tout émeu, Philis, quand ie vous voy;
Qui pourroit resister à vos diuins appas?
Vous auez des beautez que les autres n'ont pas,
Vous auez dans les yeux vne douceur extréme,
Et mil attraits brillans qui peuuent tout charmer
Mais ce n'est pas assez, Philis, il faut aimer,
Si vous voulez que l'on vous aime.
Ie vous ay fait voir mon feu,
Ne pouuant plus me contraindre,
Qui se doit bien-tost éteindre,
Si vous n'en prenez vn peu.
L'on admire dans ces lieux
Les traits de vostre visage;
Tirsis mesme fait hommage
A la beauté de vos yeux,
Mais il faut que la rigueur
Abandonne vostre cœur.

Pastorale en Chansons.
PHILIS.

Il est vray, ie suis rigoureuse,
Mais ma rigueur me fera viure en paix;
Il n'est rien tel pour estre heureuse,
Que d'estre aimable, & de n'aimer iamais.
Bien que ie sois fiere & cruelle,
Ie voy que mes Amans ne se peuuent tenir
De se précipiter, afin de paruenir
A l'honneur où ie les appelle.
La chaleur que i'inspire est glorieuse & belle,
Et qui meurt de mes coups ne sçauroit mieux finir.

LYSIS.

Adorable Philis, ie seray trop heureux,
Si l'Amour a dessein de seconder mes vœux,
Craignez ce petit Dieu qui peut tout enflamer,
Cet aimable vainqueur tost ou tard fait aimer.

PHILIS.

Ie sçay bien que les traits vainqueurs
Ont pouuoir de blesser les ames;
Mais ie me moque de ces cœurs
Qui se brûlent dedans ses flames;
Que ie me ris bien de tes feux,
Et de ceux qui sont amoureux! *Elle sort.*

LYSIS.

Ménagez mieux, Philis,
Mon cœur & vostre empire,
Sçachez que le mépris
Rebute qui soûpire;
A la rigueur des ans
Vostre beauté s'expose,
Comme ils sont inconstans
Ils changent toute chose,
La Beauté n'a qu'vn temps
Aussi bien que la Rose.

Helas! le moyen de guerir,
Mon cœur languit au milieu de deux Belles,
Sans sçauoir qui d'elles
Me doit secourir;
Est-ce Philis, ou si c'est Celimene?
Amour, Amour, viens me tirer de peine.

SCENE III.
CELIMENE, LYSIS.

LYSIS.

HA! quelle meschanceté!
Tu voulois donc, volage,
Qu'vn autre eust la verité,
Et moy l'ombre pour partage?
Si ie m'y fusse arresté,
Voyez où i'en eusse esté?

LYSIS.

Beaux yeux, vous m'attaquez auec tant d'attraits,
Que mon cœur est contraint de ceder à vos charmes;
Qui pourroit resister à de si fortes armes?
Contre des Conquerans on ne gagne iamais.

Vos regards amoureux ont des charmes si doux,
Qu'on ne peut éuiter d'estre pris dans leurs chaisnes;
Sans craindre les rigueurs, les mépris, ny les peines,
On est trop glorieux de soûpirer pour vous.

CELIMENE.

Gardez tous ces discours pour la belle Philis,
Pour vn cœur inconstant ie n'ay que du mépris.

Pastorale en Chansons.
LYSIS.
Ces discours sont pour vous, & non pas pour Philis,
I'ay pour vous de l'amour, pour elle du mépris:
Si vous voulez m'aimer, merueille de nos jours,
Vous sçaurez que l'on voit d'eternelles amours.
CELIMENE.
Quand ie vous aimerois, vous seriez inconstant,
Car ie sçay qu'à Philis vous en dites autant.
LYSIS.
Me serez-vous toûjours cruelle?
N'aurez-vous point pitié de mes tristes ennuis?
Si vous ne m'aimez plus, ie ne sçay où i'en suis;
Qu'en dites-vous, répondez-moy, ma Belle,
Me serez-vous toûjours cruelle?
Plus ie prens plaisir de vous plaire,
Moins vous considerez mes seruices rendus.
Quoy donc, sera-t'il dit qu'ils seront tous perdus,
Et qu'à mes vœux ie vous verray contraire,
Plus ie prens plaisir de vous plaire?
CELIMENE.
Lysis, m'ayant manqué de foy,
N'espere pas en déguisant ta flame,
De rendre mon ame
Plus tendre pour toy.
LYSIS.
Ma Belle, helas! tu es par trop cruelle,
Mourant d'amour, de me croire infidelle.
CELIMENE.
Tu meurs, ie le confesse,
Ie vois ta langueur,
Mais vne autre Maistresse
A surpris ton cœur.
LYSIS.
Non, non, ma Celimene,

Toy seule cause ma peine,
Et ie perdray le jour
Plutost que mon amour.
CELIMENE.
Si ie croyois en tes sermens,
Ie trouuerois dequoy me satisfaire,
Car ie te préfere
A tous mes Amans.
LYSIS.
Ha! tu le dois par mon amour extréme,
Par mes soûpirs qui te disent que i'aime.
CELIMENE.
Ie ne veux plus te voir, ny t'écouter,
Pour éuiter la gloire de te resister.
LYSIS.
Et moy tout au contraire
Ie veux t'aimer & te plaire,
Et perdre enfin le jour
Plutost que mon amour.
CELIMENE.
Derriere cette fougere
Ie n'estois pas loin de toy,
Quand tu promettois la foy
A cette jeune Bergere;
Des Amans tu es l'Amant
Le plus perfide en aimant.
LYSIS.
Vous m'excuserez ma Sainte,
En écoutant mes raisons.
CELIMENE.
Dis plutost tes trahisons,
Car ie déteste ta feinte;
Adieu, car tu es l'Amant
Le plus perfide en aimant. *Elle sort.*

LYSIS.

Que l'on perd d'agreables momens,
Quand la guerre est entre deux Amans:
Mais enfin le dépit doit ceder
Au plaisir de se raccommoder.
 Pour Astrée autrefois Celadon
De dépit se jetta dans Lignon;
Ce Berger reuint, & fit sa paix,
Et se vit aimer plus que iamais.
 Belle, enfin malgré vostre couroux,
Si iamais vous reuenez à vous,
Ie riray, & i'engage ma foy
Qu'aussi-tost vous reuiendrez à moy.

SCENE IV.

LYSIS, SILVANDRE, GILLOT.

LYSIS.

Qvi vit iamais Amant
 D'amour se consommant,
Souffrir la violence
Que ie souffre aujourd'huy
Par la loy du silence.
 Dure & seuere loy,
Triste à ma souuenance,
Pourquoy ton ordonnance
S'adresse-t'elle à moy?
 Mon regret infiny,
C'est de me voir puny

Sans cause legitime,
Sinon que trop aimer
A present c'est vn crime.
SILVANDRE.
O Dieux! comment se peut-il faire
Que sous vn visage si doux
Celimene soit si seuere?
Tous vos respects attirent son couroux.
LYSIS.
Helas! quel moyen de luy plaire?
Ie n'oserois seulement
La regarder, ny soupirer
Au plus fort de ma peine;
Faut il mourir sans parler,
Aimable Celimene?
SILVANDRE.
C'est trop soûpirer pour cette Celimene,
Ostez à ses yeux ce funeste plaisir,
Quittez, quittez, cette esperance vaine,
Dont l'inhumaine
Pour augmenter ta peine
Flate ton desir.
LYSIS.
Non, non, c'est trop entreprendre,
C'est trop de temerité;
Mourons plutost sans attendre
Aux pieds de cette Beauté;
Ie luy diray
Quand ie mourray,
Au plus fort de ma peine,
C'est pour t'auoir trop aimé
Que ie meurs, Celimene.
C'est pour cette ingrate Beauté
Qu'injustement ie perds la liberté,

Puis qu'engagé dans son amour
Ie brûle nuit & jour;
Ses yeux qui sont si doux
Ne me regardent qu'en couroux,
Et ie suis à tout coup
L'objet de sa colere,
Et ie desespere
D'en venir à bout.
 Ie cherche à me justifier,
Mais elle me defend l'approcher;
Considere que mon tourment
Me met au monument;
Cruelle, ton amour
Me priuera bientost du jour;
Mais quittant ce sejour,
Ie te fais certaine
Que toute ma peine
Tu auras vn jour.

GILLOT *en les interrompant apres les auoir escoutez.*

Qu'ils sont sots ces Amans
 D'endurer tant de tourmens; *Il les aborde.*
En parle qui voudra, ie tiens pour veritable
Que les plus doux plaisirs se trouuent à la table;
 L'Amour n'a point d'appas
Qui me charme tant que fait vn bon repas.

LYSIS.

Heureux qui nuit & jour
Pour vn bel œil soûpire!

SILVANDRE.

Heureux qui de l'Amour
Ne connoist point l'empire!

E

GILLOT.
Heureux qui nuit & jour
Dans vn verre se mire!
LYSIS.
Ses fers & sa prison
Sont mes plus chers delices.
SILVANDRE.
Qui chérit sa prison,
Il aime son supplice.
GILLOT.
Les miens sont les jambons,
Le vin, & les saucisses.
LYSIS.
Quel plaisir aurions-nous
Sans l'Amour dans la vie?
SILVANDRE.
Mais quel plaisir est doux,
Quand elle est asseruie?
GILLOT.
Mais quel plaisir plus doux,
Que la soif assouuie?
LYSIS.
Le plaisir de seruir
Vne Beauté supréme.
SILVANDRE.
Ie dis que ce plaisir
Est vostre tourment mesme.
GILLOT.
Les flacons sont plus doux,
Lors que l'on boit à méme.
 Viue le vin, fy de ce Dieu volage,
Où folement, mon Lysis, tu t'engage;
D'oresnauant ie quitte le chagrin,
Cloris n'est plus l'objet de ma pensée,

Pastorale en Chansons.

Elle est de moy pour iamais éclipsée,
      Viue le vin.
Pour vn repas ie quitterois cent charmes,
Au Cabaret on ne voit point de larmes,
Le moindre rot fait trembler le trépas;
Le verre en main i'affronterois la Parque,
Et passerois tout seul la Mer sans Barque,
      Pour vn repas.
Amour les pleurs, Bacchus fait l'allegresse,
L'vn enmaigrit, & l'autre nous engraisse,
L'vn a du fiel, & l'autre des douceurs,
L'vn fait dormir, & l'autre nous réueille;
Enfin Bacchus a pour soy la bouteille,
      Amour les pleurs.
Que feriez-vous, Amis & Camarades,
Si vous voyiez poulets, pigeons, grillades,
Et tout ce qui peut former vn ragoust
Prest à manger, & garnir vostre pance
Contre vn objet où l'on perd l'esperance,
      Que feriez-vous?

SILVANDRE.

Ie luy dirois, retire-toy, mauuaise,
Ou me voyant à la table à mon aise,
Connois les biens que pour toy ie fuyois;
Puis en beuuant cinq ou six coups de suite,
Ce qui pourroit l'obliger à la fuite,
      Ie luy dirois.

LYSIS.

Lors qu'à mes vœux Celimene contraire
Se rit des maux que ie souffre en aimant,
Ie fais dessein au fort de ma colere
De la quitter, & i'en fais vn serment,
Mais vn serment que le dépit fait faire,

L'Inconstant Vaincu,
Contre vn bel œil qu'on aime cherement,
Autant en emporte le vent.

GILLOT.
Vn Soldat lassé,
Quand il trouue à boire,
Se rit du mal passé,
Et en perd la memoire;
Qui veut gouster durant sa vie
    Du repos,
Il faut qu'il borne son enuie,
    Parmy les pots.

LYSIS.
Que chercheray-je
Pour me secourir?
Qu'espereray-je,
Sinon de mourir?
En toute chose
L'Amour m'est fatal;
I'en suis la cause,
I'augmente mon mal.

GILLOT.
Il faut que ie t'éueille
Du sommeil de l'Amour,
Apres ce meschant tour,
Ma foy ie te conseille,
Ne pouuant recouurer
Cette belle inhumaine,
Pour soulager ta peine,
Il te faut enyurer.

LYSIS.
Ie veux viure en indiference,
    Malgré ses appas,
Puis que ie voy qu'elle ne connoit pas
Quand pour ses beaux yeux ie brûle d'amour;

Pastorale en Chansons.

Et ie la veux voir en mesme souffrance
   Languir à son tour.
     Adieu, volage Empire,
  Dont les maux semblent doux;
   Adieu, ie me retire,
   Ie ne suis plus à vous,
  Ma raison qui veut suiure
   Vn repos asseuré,
  Maintenant me deliure
   De la captiuité.
     GILLOT.
Tout de ce pas courons à la tauerne,
Le grand Cornet à present me gouuerne,
Le vin est frais, & tout chaud icy bas;
Passons deuant la porte de ta Belle,
Et fais luy voir que tu n'es plus pour elle
   Tout de ce pas.

SCENE V.

PHILIS seule.

Qv'vn amour discret
  Cause de martire;
Quand il est secret,
Et qu'on n'ose dire
A l'objet charmant
Qui brule mon ame;
C'est toy qui m'enflame,
Tu es mon Amant.

L'Inconstant Vaincu,

Il est vray, ie n'ose me plaindre
Du mal que le respect m'oblige de celer;
Et quand ma passion semble de m'y contraindre,
I'aime mieux mourir que parler.

Mon Tirsis, ta douleur me touche,
Ie pousse comme toy toûjours mille soûpirs;
Mais las ! n'espere pas à iamais que ma bouche
Fasse connoistre mes desirs.

I'ay passé les jours de ma vie
Parmy les plaisirs innocens;
Maintenant le mal que ie sens
Donne à mon cœur vne autre enuie;
Toutefois i'aime mieux mourir,
Que de iamais le découurir.

Amour, ce Tyran de nos ames,
Iusqu'icy m'estoit inconnu;
Il ne m'estoit point aduenu
De brûler iamais de ses flames;
Mais helas ! ce Berger vainqueur
S'est rendu maistre de mon cœur;
Toutefois i'aime mieux mourir,
Que de iamais le découurir.

SCENE VI.

CELIMENE, PHILIS.

CELIMENE *à part.*

Quoy, faut-il donc qu'Amour vainqueur
Soit de nouueau Roy de mon cœur,
Et me donne encor du martyre?

Pastorale en Chansons.

N'ay-je pas assez soûpiré,
N'ay-je pas assez enduré
Iadis sous son cruel empire?
　Tant de sermens que mon deuoir
Auoit fait contre son pouuoir,
Seroient-ils si peu veritables,
Qu'ils ne puissent durer qu'vn jour?
Et pour estre faits contre Amour,
En sont-ils moins inuiolables?
　Faut-il encor que ce poison
Troublant mes sens & ma raison,
Change tout l'estat de ma vie?
Et que Lysis si mal-traitté
Triomphant de ma liberté,
Tienne encor mon ame asseruie?
Mais il n'en faut plus disputer,
Ie ne puis ce mal éuiter.

PHILIS.

Ma chere Sœur, soyons toûjours coquettes,
　Et ne craignons rien;
On nous dira fleurettes sur fleurettes,
　Mais nous sçaurons bien
Nous garantir de l'Amour incommode
　Qui mene au trépas;
Faut en donner, c'est la belle methode,
　Et n'en prendre pas.
　Mon Dieu, quand on la presse,
Que l'on passe bien le temps!
L'on voit mille protestans
Qui se soûmettent sans cesse,
Et qui croyant l'auoir beau,
Donnent souuent dans le panneau.

CELIMENE.
Que la mauuaise humeur

L'Inconstant Vaincu,

Est vne sotte affaire!
Elle bannit le bonheur,
Et produit la misere.

PHILIS.

C'est l'effet de ce cœur
Dont l'amour est si fiere;
L'amour à la mode
Est vn amour fort commode,
Il se rit des soûpirs,
Il aime les plaisirs,
Et veut à tout moment
Nouueau diuertissement.
Le Bal & le Cadeau,
La Musique & le jeu,
Le Sonnet, & l'Air nouueau,
La promenade en tout lieu,
Sont les suites de ce Dieu,
Quand on ne sent point son flambeau.

CELIMENE.

Ie n'en puis plus, car mon amour extréme
M'esclaue sous sa loy,
Et n'estant plus à moy,
Ie ne vis qu'en luy-méme.

SCENE VII.

LYSIS, CELIMENE, PHILIS.

LYSIS *sort du Cabaret chantant.*

CE gentil, ce diuin piot,
Mon Dieu que ie l'aime;

Pastorale en Chansons.

Mon Dieu qu'il est bon,
Qu'il est bon, bon, bon,
Qu'il est bon ce piot,
Qui ne le caresse, il est vn sot.
 Allons tous à Milan
Seruir le Connestable,
L'Espagnol dans vn an
Nous doit seruir à table,
Le verre au poing, le pot debout, *Il chåte-*
Demy tout à droit; remettez-vous; *& d'ase.*
Ho! voila comme on voit. *Il boit.*
Vn Soldat bien adroit.
 Coporal, qui va là ?
Parle à moy sentinelle,
Vois-tu quelqu'vn par là,
Tire vn coup, & m'appelle.
  CELIMENE *l'aborde.*
Contre mon gré, contre le vostre méme,
Il faut, Lysis, il faut que ie vous aime,
Assez souuent ie veux m'en repentir,
Mais plus souuent il y faut consentir.
 De mille maux persecutez mon ame,
Elle ne peut brûler d'vne plus belle flame
Et i'aime mieux m'en laisser consommer,
Que d'essayer de ne vous plus aimer.
   LYSIS.

 Fy de la Cocquette,
 Fy de la fleurette,
Ie ne me plais plus à faire le mourant,
Ie ne suis transy, ny soûpirant,
Viure d'esperance, c'est viure de vent.
 Faire l'agreable
 Quand on est à table,
Dans le compliment abaisser son chapeau,

Au lieu de bon vin ne boire que de l'eau,
Mes chers Camarades
Ce sont traits de Veau.
Ie suis l'antipode
De cette methode,
Nargue des douceurs, & des mots à la mode,
Ie boy sans façon, sans mesure, & sans eau.
PHILIS.
Venir carresser les Dames,
Et sentir le vin,
C'est vne chose infame.
LYSIS.
Que dites-vous, Maman,
N'est-il pas veritable
Qu'il faut qu'vn parfait Amant
Soit vaillant à la table.
Philis, ie vous veux apprendre
Ce que vous ne sçauez pas;
Presumant de vos appas,
I'eus pour vous l'ame fort tendre,
Vostre empire m'estoit doux;
Mais ie ne veux pas vous surprendre,
I'aime le vin plus que vous.
CELIMENE.
Ie languis captiue en vos fers,
A vous tous mes vœux sont offerts,
Vous tenez mes sens enchantez,
De vous dépend & ma mort & ma vie.
LYSIS.
Ie t'ay aimé, belle Bergere;
Mais voyant ton humeur legere,
I'ay changé de dessein,
Et ne fais plus l'amour
Qu'à des brocs de vin.

Pastorale en Chansons.

CELIMENE.

Perfide, donne-moy la mort,
Sans plus faire languir ma vie,
Puis que la rigueur de mon sort
Veut qu'elle te soit asseruie.

LYSIS.

Ie n'écoute point vos friuoles,
Me dépoüiller pour vous donner,
Mon ventre aime trop à disner,
Pour adherer à vos paroles;
Ma foy tant que i'auray des dents,
Ie dis nargue de mes parens.

I'ay l'vsage de la raison,
Ie me ris de toutes les Belles,
Et ie tiens l'amour par les ailes
Pour le plumer comme vn Oyson.

Ie veux faire de son bandeau
Vn torchon pour froter mes bottes,
Ie veux qu'il en oste les crottes,
Ou ie l'écorche comme vn Veau.

I'en ay brisé l'arc & les traits,
Qui à mon cœur faisoit des bréches;
Et que si i'en ay pris des fléches,
C'est pour en faire des fossets.

CELIMENE.

Lysis, reprenez l'art d'aimer,
Laissez vos desirs enflamer,
Dans cet agreable sejour
On ne voit rien qui n'aime,
  Et n'estime
   Que c'est crime
    D'estre vn jour
Sans mourir mille fois d'amour.
Pendant vos jeunes ans laissez-vous enflamer,

L'Inconstant Vaincu,

Il n'est rien de si doux qu'vn amoureux empire;
Mais si vous auez peur d'auoir trop de martyre,
Pour le moins, laissez-vous aimer.

LYSIS.

Ie veux que le malheur m'accable,
Soit par la guerre, ou par l'amour,
Si iamais ie vous fais la Cour,
En dussay-je estre Connestable.

CELIMENE.

Allez, allez, volage, allez en mille lieux,
Vous ne trouuerez pas sujet qui valle mieux.

LYSIS. *Elle sort.*

Adieu donc la Gascogne, le païs d'Angoumois,
Adieu, ie m'en vais; *Il sort dansant*
Adieu donc les chaudieres, *& chantant.*
Les cuues & bacquets,
Puis qu'à brasser la Biere
Il n'y a plus d'acquests.

Fin du troisiéme Acte.

Pastorale en Chansons.

ACTE IV.
SCENE PREMIERE.

TIRSIS dans sa Solitude.

Noires Forests, demeures sombres,
Où le Soleil ne luit que rarement,
Que ie me plaist parmy vos ombres,
Et qu'elles flatent bien les plaintes d'vn Amant.
    Ruisseaux, confidens de mes soins,
    Beaux Arbres, vniques témoins
    Que i'ay dans cette Solitude,
    Parlez tous contre vostre sort,
    Pour accuser d'ingratitude
    Les yeux qui me donnent la mort.
    Mon cœur tout ardent de soupirs,
    Qui marquent les pressans desirs
    Que i'ay pour ma belle inhumaine,
    Ne peut plus souffrir ses rigueurs,
    Et fléchissant dessous la peine,
    Se pert au torrent de mes pleurs. *Il se leue.*
    Par tout Amour me vient chercher,
    Par tout Amour me persecute,

Ie ne fçay plus où me cacher,
En tous lieux ie luy fuis en bute;
Ha! Philis, pour me mettre à couuert de fes traits,
Ouurez-moy voftre cœur, il n'y viendra iamais.
Depuis le jour que ma cruelle
Me fit fçauoir l'Arreft de mon trépas,
Toute clarté me fût mortelle,
Et le flambeau du jour n'euft pour moy plus d'appas.
Allez, foûpirs, allez fraper au cœur
De cette Aurore
De qui i'adore
Mefme la rigueur;
Puis que le jour vous n'oferiez paraiftre,
A l'ombre de la nuit,
Volez, rien ne vous nuit,
Frappez en Maiftre,
L'Amour vous conduit.
Vous luy direz que ie meurs languiffant,
Et que la flame
Que i'ay dans l'ame
Rend mon mal preffant,
Que cette nuit me doit eftre eternelle,
Et qu'enfin mon amour
Me priuera du jour,
Si cette Belle
N'en brûle à fon tour.
Apres les maux que m'a fait la cruelle,
Si mon cœur fe rend à fes traits,
Dites luy qu'il ne fût iamais
Vn cœur brûlé d'vne flame fi belle,
Et que fes yeux qui caufent mon tourment
Perdront en moy le plus fidele Amant.

Pastorale en Chansons.

SCENE II.
PHILIS, CELIMENE.

PHILIS.
DE toutes parts en la Ville
On se plaint de vos amours.
CELIMENE.
C'est vne chose inutile,
Car ie l'aimeray toûjours,
Et mon Lysis a trop d'appas,
Ma Philis, pour ne l'aimer pas.
PHILIS.
C'est trop, & trop longuement,
Souffrir la rigueur de ce changement,
    Et par trop attendu
Le repentir de cet esprit perdu.
CELIMENE.
Quoy que tu me puisse dire
Qu'amour n'est rien qu'vn martyre
Dont l'on meurt cent fois le jour,
Ie cesseray plutost de viure,
Que d'aimer, & de suiure
Les plaisirs de l'amour.
  Sans la douceur de ses flames
Nos corps seroient à nos ames
Vn bien ennuyeux sejour;
N'est-ce pas mourir que de viure
Sans aimer, & sans suiure
Les plaisirs de l'amour?

PHILIS.
Tantoſt il vous fait les yeux doux,
Tantoſt il ſe moque de vous;
Il a toûjours en luy quelque malice extréme,
Ceſſez d'aimer ce Berger pour le trôper luy-méme.
CELIMENE.
Malgré la haine & l'enuie,
Ie veux aimer mon Berger;
Car m'ayant ſi bien ſeruie,
Ie ne le dois point changer;
Et puis il a par trop d'appas,
Mon Lyſis, pour ne l'aimer pas.

SCENE III.
CELIMENE, PHILIS, LYSIS.

LYSIS à part.
IE ne fais plus de vœux,
Ie ne ſens plus de feux
Que pour vne Bouteille,
C'eſt vne Beauté ſans pareille
Qui fait ce que ie veux;
Ie ne ſçaurois viure vn moment
Que ie ne vuide la Bouteille,
Sa liqueur eſt ſans pareille,
Elle me charme inceſſamment,
Elle m'endort, elle m'éueille,
Elle finit mon tourment.
CELIMENE
Ie le voy mon Amy,

Pastorale en Chansons.

Et n'ose parler à luy.

LYSIS.
Ie la voy venir de loin,
Ie croy qu'elle a du dessein;
Arrestez, belle Bergere,
Qui vous fait doubler le pas?
Auez-vous icy quelque affaire?
Dites, ne le celez pas.

CELIMENE.
Lysis, vos rigueurs inhumaines
Ne causent pas toutes les peines
Dont mes esprits sont enchantez.

LYSIS.
Vous m'auiez charmé, Celimene,
Mais vostre extréme cruauté
Trahit vostre rare beauté;
Si vos beaux yeux causoient ma peine,
Et captiuoient ma liberté,
Vostre rigueur brise ma chaisne.

CELIMENE.
Ie sçay, Lysis, ce que i'ay fait pour vous,
Vous aimant d'vne amour parfaite;
Et quand vos yeux ont pour moy du couroux,
Vous ne sçauez ce que vous faite.

LYSIS.
Celimene, apres tant d'outrage
Que tu m'as fait chaque jour,
Enfin i'obtiens de l'Amour
Sur toy le mesme auantage;
Tu ne tiens plus ton courage,
Moy ie le tiens à mon tour.
Tu faisois la sourde oreille
Quand i'inuoquois ton secours;
Ce n'est pas grande merueille,

Si ie te rends la pareille,
Ie suis de ces mauuais sourds.
CELIMENE.
Mon cœur n'est pas vn cœur à refuser,
Puis que ses flames sont discretes;
Apprenez donc comme il en faut vser,
Et vous sçaurez ce que vous faites.
LYSIS.
Ie vous le disois bien
Que vos rigueurs enfin
Rebuteroient mon ame,
Et que pour éteindre ma flame
I'aurois recours au vin;
Vous ne m'auez pas voulu croire.
CELIMENE.
Puis que mon mal vous touche peu,
Il ne faut plus soûpirer, ny se plaindre;
Hé bien, Philis, ie cacheray mon feu,
Mais i'aime mieux mourir que de l'éteindre.
PHILIS.
Quittons, quittons ce Berger,
Puis que son amour est si fort leger,
Qu'il n'est point de Beauté
Qui plus d'vn jour le retienne aresté. *Elles sortent.*
LYSIS.
C'est Bacchus qui fait mes plaisirs,
Il adoucit toutes mes peines;
Ie ne fais plus pour vous de vœux ny de desirs,
Adieu superbes inhumaines,
Les faueurs d'Amour sont trop vaines,
C'est Bacchus qui fait mes plaisirs.

SCENE IV.
LYSIS, GILLOT, ROBIN.
GILLOT.

Cher Amy, d'où te vient cet humeur,
Tu te meurs de mélancolie,
Ton visage me fait horreur,
Il semble n'auoir plus de vie;
Prens vistement du vin,
Car c'est contre ce mal vn remede diuin.

LYSIS.

I'ay trop long-temps vescu sous l'empire d'Amour,
Bacchus me doit aussi posseder à son tour;
Ie ne crains plus ces feux
Dont les ardeurs me rendoient amoureux;
Car en leur declarant vne eternelle guerre,
Ie ne veux plus aimer rien que mon verre.

GILLOT.

Les vins nouueaux sont excellens,
Le Bourguignon fait des merueilles,
Les Esprits tristes & mal-contens
Doiuent recourir aux Bouteilles;
Ie boy comme vn trou,
Et si i'en fay gloire,
Iusques au dernier sou
Ie le mets à boire;
Voila la façon
Que ie me gouuerne,

Et de chaque Tauerne
I'en fais ma maison.
 Le vin a des appas,
Il fait chanter & rire,
Et mon cœur ne soûpire
Que pour vn beau repas.
 Lors que ie fais la ronde,
D'vn plaisir sans pareil,
Ie croy estre vn Soleil
Qui fait le tour du monde.
 Ne doit-on pas aimer
Vn jus si délectable?
La douceur de la table
Ne se peut estimer.
Courons au grand Cornet où le sort nous conuie,
Robin double le pas, & fais tirer du vin;
Sans le plaisir charmant que l'on prend au festin,
L'homme ne peut passer heureusement sa vie.

   ROBIN en s'en allant.
Heureux qui peut aller
Nuit & jour se saouler.
    LYSIS.
Bacchus tient mon cœur,
C'est luy qui m'enflame,
 Sa douce liqueur
 Réjouït mon ame.
    GILLOT.
Allons rendre l'esprit aux pieds de son tonneau,
Nous ne sçaurions choisir vn plus charmant tōbeau.

SCENE V.
ALISON seule.

Quand j'estois jeune Fille,
Agreable & gentille,
J'auois des Seruiteurs par tout;
Maintenant la vieillesse
Fait que l'on me délaisse,
Ie suis abandonnée de tous.
 Oüy, quand j'estois jeune galande,
Ie vous jure sur ma foy,
J'auois toûjours de la viande
Pour mon Amy & pour moy,
Et si d'vn pauure Iean-cu
I'auois toûjours quelque escu.
 Si ie n'estois aussi ridée
Comme les fesses à Grillon,
Les yeux d'vne Truye brûlée,
Les dents noires comme charbon,
Encor quelque mal-basty
A moy prendroit appéty.
 Ie dy n'auoir que vingt ans
Depuis ces dernieres Pasques,
Mais ma foy ie suis du temps
Qu'on bastit la ruë saint Iacques;
Hô, la, la, n'en riez pas tant,
Vous qui faites les belles,
Quelque jour vous serez telles,
Et serez laides comme moy.

Fin du quatriéme Acte.

ACTE V.

SCENE PREMIERE.

GILLOT, LYSIS, ROBIN.

On tire vn rideau, & l'on voit Lysis & Gillot à table.

LYSIS.

Aᵛtrefois i'ay fait refus
De suiure le Dieu Bacchus;
Mais ie jure
Et i'asseure
Pour luy viure desormais;
Car les Belles
Sont cruelles,
Ie les bannis pour iamais.
Ie n'aime plus rien que Bacchus,
En dût l'Amour mourir d'enuie.
GILLOT.
Bannissons ces fous
Qui plaignent la vie,

Pastorale en Chansons.

Réjoüissons-nous,
Lysis, ie t'en prie;
Branlons le menton,
Branlons la machoire,
Ha ! qu'il fait bon boire
Quand on a du bon.
Ie ne trouue rien
De si délectable,
Que d'auoir du vin
Pour goinfrer à table.

LYSIS.
Ie boy, ie boy à ta santé
Du jus que Noé a planté.

GILLOT chante.
Nous sommes de l'Armée Naualle,
Aualle, aualle, aualle, aualle.

LYSIS.
Heureux qui sçait gouster la vie,
Et les douceurs du Cabaret,
Et qui conserue ce secret
Pour chasser la mélancolie.
Ie recouure ma liberté,
Ie ne veux plus songer qu'à boire,
Bacchus seul merite la gloire
De finir ma captiuité.

GILLOT à Robin.
Faut-il que sans cesse on te crie,
Va à la caue, es-tu venu?
Quel Diable donc t'a retenu
Depuis le temps que ie t'en prie?
Cher Camarade, pouuions-nous   *à Lysis.*
Chercher vn passe-temps plus doux?

LYSIS à Robin.
Va, mais si la soif te conseille

De boire, ne reuiens pas foû;
Car fi tu te caffois le coû,
Tu cafferois noftre bouteille.
GILLOT.
Le beau paffe-temps que le noftre!
Lyfis n'eft-il pas bien plaifant?
LYSIS.
Mais ce chien de drille à prefent
Là-bas en trouue bien vn autre.
GILLOT.
Banniffons la mélancolie,
Beuuons tour à tour nuit & jour,
Enyurons-nous ie vous en prie,
Et ne penfons plus à l'Amour,
C'eft eftre fol que d'y paffer la vie.
ROBIN.
Çà, Meffieurs, voicy le ce vin
Qui nous rend l'efprit tout diuin.
LYSIS.
Robin, verfe du vin,
Verfe du vin,
Dans l'humeur où ie fuis
Ie veux faire merueille;
Ie veux malgré l'Amour enfermer mes ennuis
Dedans vne bouteille.
Prepare ton gofier, & ta groffe bedaine,   *à Gillot.*
Ie m'en vais boire à toy quinze coups d'vne halaine.
GILLOT.
Que fi ie ne te fais raifon,
Ie veux paffer pour vn Oyfon,
Et que d'vne pinte on m'affomme.   *Il ne boit*
LYSIS.   *pas tout.*
Faites-vous raifon de la forte
la fanté que ie vous porte?

Pastorale en Chansons.

Vrayment c'eſt bien vn coup perdu.
GILLOT.
Non, non, ie ne fais point le fin,
Soit vn pot, ou vne bouteille,
Ie veux qu'on me couppe vne oreille,
Pourueu que ce ſoit de bon vin,
Il n'en faut point faire de doute,
Ie n'en laiſſeray pas la goute.
  Ne croyez pas que ie ſois yure,
Ie vous feray montrer le cul,
Lyſis, ſi vous me voulez ſuiure.
LYSIS à *Robin*.
Verſe-m'en encore vn coup,
Car i'entre en gouſt;   *Il taſte.*
Mon Dieu l'excellent breuuage!
Verſe-m'en vn peu dauantage.

SCENE II.
LYSIS, GILLOT, ROBIN, CELIMENE, PHILIS.
PHILIS.
CElimene, c'eſt trop pleurer,
Trop gemir, & trop ſoûpirer;
A quoy bon de vous contraindre,
Et de luy faire la cour?
Vous n'aurez plus rien à craindre,
Quand vous n'aurez plus d'amour.
CELIMENE.
Ce n'eſt pas eſtre bien fine,

Philis, de perdre vn Amant;
Il faut l'auoir doucement,
Et luy faire bonne mine,
Afin qu'il puisse esperer
Autant qu'on peut desirer.

PHILIS.

Il est deuenu volage,
Ce Berger qui t'estimoit.

CELIMENE.

En verité si Philis
S'accorde à mes desirs,
I'ay quelque chose à luy dire,
Mais que ce soit en secret,

Elle fait semblant de parler à l'oreille de Philis,
puis apres dit tout haut.

I'espere t'en faire rire,
Si la chose a son effet.
Mes yeux feront leur office,
Et mes soûpirs leur deuoir;
N'est-ce pas pour le r'auoir
De suffisans artifices?
Mais il est à la tauerne
Qui boit comme vn trou.

PHILIS.

Ie veux bien que l'on me berne,
S'il n'est déja saoû.

CELIMENE.

Philis, faut icy faire pose,
I'apperçois l'ombre du bouchon.
Viue les Enfans
Gaillards & triomphans,
Qui prennent le matin
Du vin.

PHILIS.
De la vendange ils font leur intereft,
    Et leur repos
    Eft dans les pots
    Du Cabaret.   *Elles approchent*
CELIMENE.   *de la table.*
Suiuons Bacchus, offrons luy nos charmes,
    Suiuons fa loy,
    Comme ie voy
    Comme ie voy
    Ces bons garçons.
PHILIS.
    Suiuons leur valeur,
  Ce n'eft pas grand malheur
    De tomber fur le cu
      Vaincu;
Ceux que l'on voit au plus fort des combats
    Tomber fouuent
    Le nez deuant,
    Ne meurent pas.
GILLOT.
Cupidon ne peut chez Bacchus
Trouuer vn lieu qui foit propice;
Parmy les beuueurs c'eft vn vice
De s'adonner trop à Vénus.
CELIMENE.
Mes chers Amis en confidence,
Quoy que l'on die, ou que l'on penfe,
Du feu dont ie me fens brûler;
Que ce foit ma honte, ou ma gloire,
Ie ne le fçaurois plus celer,
I'aime, il eft vray, mais c'eft à boire.
LYSIS.
Si quelqu'vn de nous s'intereffe

Pour sçauoir le mal qui vous presse,
Et le remede qu'il vous faut.
CELIMENE.
Tant pis pour luy, s'il ne veut croire
Ce que i'ay déja dit tout haut,
I'aime, il est vray, mais c'est à boire.
LYSIS.
Elle a l'esprit & le visage
Tout plein de generosité,
Elle donne la liberté
A ceux qu'elle tient en seruage.
GILLOT.
Robin, que l'on ferme la porte,
Fusse à l'Amour mesme, il n'importe,
Ce n'est que chagrin & soucy;
Qu'à d'autres ils en fassent accroire,
Ses traits ne valent pas ceux-cy.
LYSIS.
Viue Vénus, viue le vin,
Viue l'Amour, & la bouteille;
L'vn nous rend l'esprit tout diuin,
L'autre nous fait dire merueilles;
Tous deux amis de nos santez,
Le vray poison de l'humeur noire;
Mais, Philis, si vous n'en tastez, *à Philis.*
Ce que ie dis ne se peut croire.
PHILIS.
Ha! mes amis, ie n'en puis plus,
La soif a mes membres perclus,
Ie meurs, & n'ay plus de parole;
Laquais, helas! secourez-moy,
Ie sens que mon ame s'enuole,
Si tout maintenant ie ne boy;
Dépesche tost, verse du vin,

Pastorale en Chansons.

Rien que ce breuuage diuin
Ne me peut redonner la vie.
LYSIS.
Ie dis nargue de ces Maistresses
A qui déplaist le goust du vin,
Philis par vn accord diuin
Ioint la bouteille à ses caresses.
CELIMENE à *Gillot.*
A toy, gros boursoufflé, ie dénonce la guerre,
Arme-toy d'vn jambon, d'vn flacon, & d'vn verre.
GILLOT.
Dedans le Cabaret vuidons nos diferents,
Sans prendre aucun aduis d'amis, ny de parens;
  Donne, donne-moy du vin,   *à Robin.*
  Beuuons jusques à demain;
  Quand ie boy il m'est aduis
  Que ie suis en Paradis.
CELIMENE *prend vn verre, & chante.*
 Puis qu'il faut boire, beuuons,
 Compagne, si nous pouuons,
 Et que ce soit à la ronde;
 A ne vous rien déguiser,
 Voicy le Galand du monde   *Elle choque le*
 Que i'aime le mieux baiser.   *verre de Lysis.*
  Beau jus si remply d'appas,
 Il ne vous déplaira pas
 Que des levres ie vous touche;
 Soyez vermeil, soyez doux,
 Sans vous offenser, ma bouche
 L'est du moins autant que vous.
  A force de te baiser,
 Verre ie veux t'épuiser,
 Approche que ie t'embrasse;
 Qui m'aime, ou qui m'aimera,

Voudroit bien eftre en ta place,
Mais il m'en difpenfera.
LYSIS.
Ha! que fon entretien eft doux,
Et qu'elle merite de gloire!
Elle aime à rire, elle aime à boire,
Elle aime à chanter comme nous.
CELIMENE à *Philis*.
Deffous l'amoureux Empire
Il faut eftre fort ardent.
PHILIS.
Aimer, & ne l'ofer dire,
C'eft vn étrange tourment.
CELIMENE.
Dedans l'amour où ie foûpire,
Ie languis fans en dire rien;
Lyfis, pourtant tu fçais fort bien
Quel peut eftre mon martyre.
LYSIS.
Il eft bien vray que vos yeux
Attirent tous les cœurs,
Mefme les plus rebelles;
Et fi vous eftiez moins cruelle,
Ils feroient mes vainqueurs.
CELIMENE.
Cher Lyfis, ne t'offenfe pas
Si ie te dis que tes appas
Ont vn pouuoir extréme,
Ie ne veux pas aimer, & i'aime.
LYSIS.
Arme toy, ma raifon,
Pour combattre la flame
Qui vient hors de faifon
Tyrannifer mon ame,

Pastorale en Chansons.

Si ton pouuoir diuin ne me vient secourir,
Son bel œil me fera mourir.
GILLOT.
Nargue du fallot de Cupidon, i'enrage
Lors que ie luy voy faire à Bachus outrage;
Qu'il préside au Bal, au Cercle, aux Cours,
Qu'il fasse au lit le diable,
Il fait son deuoir;
Mais sur nostre table
Il n'a rien à voir;
Qu'il vuide d'écus
Les bourses toutes pleines,
S'il fait des Cocus,
Ie n'en suis pas en peine.
CELIMENE à *Gillot*.
Ceux dont la rude fantaisie
Blâment nos heureux passe-temps,
Malicieux & mal-contens,
En ont dépit & jalousie;
Mais ne laissons passer vn jour
Sans les delices de l'Amour.
GILLOT.
Que Bacchus est charmant,
Qu'Amour a de malice,
Et qu'il a d'artifice
Pour tromper vn Amant!
LYSIS.
Remply d'étonnement,
Ie consulte en moy-méme
Si ie dois préferer Celimene à Bacchus.
CELIMENE.
Tandis que nostre jeunesse
Allume en nous de beaux desirs,
Essayons des plus doux plaisirs.

L'Inconstant Vaincu.

Que la Fortune nous adresse,
Et ne laissons passer vn jour
Sans les delices de l'Amour.

LYSIS.

Plus ie m'efforce
Pour y resister,
Et plus ma force
Paroist s'irriter.

Ie rends les armes,
Ie cede à vos coups,
Car trop de charmes
Combatent pour vous.

Ie meurs en vous voyant,
Et tâche en vain de m'en distraire,
Vos yeux qui m'ont sceu si bien plaire
En défont plus en vn moment
Que ma raison n'en sçauroit faire.

CELIMENE.

A la fin ma perseuerance
Fléchit vn courage obstiné
Qui s'estoit en vain mutiné
Contre l'Amour & ma constance;
Lysis a reconnu ma foy,
Ie le possede, il est à moy.

LYSIS.

Il faut aimer, c'est vn destin inéuitable,
Il n'est point de cœur indomptable
Que l'Amour ne puisse charmer;
Mais sur tout quand on est aimable,
Il faut aimer.

GILLOT.

I'aime mieux ma bouteille pleine,
Que tu ne fais ta Celimeine;
Oüy, ie l'aime de tout mon cœur,

Pastorale en Chansons.

Bien que tu perde la ceruelle
Pour vn objet plein de rigueur,
Pour moy ie ne suis fol que d'elle.

LYSIS *se leue de table, & prend par
la main Celimene.*

Tréue de goinfrerie,
Il est temps de danser
Vn branle de sortie,
Ie m'en vay commencer.

GILLOT.

Hé quoy! voulez-vous me laisser,
Amis, il faut recommencer,
Pas-vn de vous ne veut plus boire?
Et pour emporter de la gloire
De ce magnifique Festin,
Beuuons chacun vn pot de vin.

LYSIS.

I'ay crû, Celimene,
En cherchant ces lieux,
Vaincre la peine
Que me font vos yeux;
Mais quoy, l'absence
Ne peut soulager
Que la souffrance
D'vn amour leger.

CELIMENE.

Vous n'estes pas le premier infidele
A qui l'Amour a fait sentir sa loy.

LYSIS.

Viue l'ombre de la fougere,
Viue la loy, viue la foy de ma Bergere.

GILLOT.

Viue l'ombre de la Cuisine,
Ne suis-je pas bien gros & gras, voyez ma mine.

LYSIS.
Les Dieux nous ont fait ie croy
Moy pour vous, & vous pour moy;
Et leur puissance en ce jour,
Autant que vous estes aimable,
Me font capable d'amour.
CELIMENE.
Que de plaisirs
L'Amour fait voir dedans ses chaisnes,
Ses rigueurs les plus inhumaines
Font pousser de charmans soûpirs.
PHILIS.
Mais ce mal cause moins de peines
Que de plaisirs.
CELIMENE.
Le Verger du Berger Tirsis
Est tout plein de soucis;
A quoy bon tant d'appas,
Philis, & n'aimer pas?
Et pourquoy vostre cœur
A-t'il tant de rigueur?
LYSIS.
Philis, vous sçauez la peine
Qu'il endure chaque jour;
Soyez vn peu plus humaine,
Consentez à son amour.
PHILIS.
Ie passerois pour dédaigneuse,
Si i'en vsois autrement;
Ie suis trop genereuse,
Et assez amoureuse,
Ie le dis franchement,
Que ie l'aime vniquement.
Tirsis est le Berger

Que i'aime & que i'honore,
Car il n'est point leger,
Et de plus il m'adore.
LYSIS.
Ne cachez donc plus, finette,
Vostre Amour, ny vostre Amant,
Vn discours de compliment
Fait voir vne ame discrete;
Confessez l'aimable choix
De l'Amour & de ses loix.
PHILIS.
Ha! que ie suis malheureuse,
D'auoir traitté rudement
Tirsis ce parfait Amant,
Sa flame estoit genereuse;
Ie voudrois bien à mon tour
Luy témoigner mon amour.
Il me disoit que son ame
Expiroit dans sa langueur,
D'auoir vsé de rigueur
A cette heure ie me blâme;
De son amoureuse fléche
Ie suis blessée à mon tour,
Et ie sens qu'vn mesme amour
Dedans mon cœur a fait bréche;
Ie voudrois bien à mon tour
Luy témoigner mon amour.
CELIMENE.
S'il ne vous possede,
Il s'en va mourir;
Donnons-y remede,
Allons le querir.
LYSIS.
Vous n'estes pas la premiere cruelle

A qui l'Amour a fait sentir ses coups;
Si desormais vous luy estes rebelle,
Tremblez, Philis, & prenez garde à vous. *Ils sortent.*

SCENE III.
GILLOT, ROBIN.
GILLOT.

FY de ces Amoureux
Qui quittent le bon vin
Pour sauourer des lermes;
Pour moy ie me ris d'eux,
Quand ie gouste au matin
Ses agreables charmes.
Imbecilles Amans, dont les brûlantes ames
Sont autant de tisons,
Allez porter vos feux, vos chaisnes, & vos flames,
Aux Petites Maisons.
Cependant nous rirons
Auec la bouteille,
Et dessous la treille
Nous la cherirons.
Robin, laissons ces foux
Soûpirer dans l'excés d'vn amoureux martyre;
Et quand nous serons saouls,
Nous mocquant de l'Amour,
Nous parlerons de rire.   *Il s'en va.*

SCENE IV.

ROBIN seul.

AV logis de Cupidon
l'estois son premier garçon,
Quand il boutit du feu Gregeois
Dedans mon potage & mes pois.
Ie brule comme vn tison,
C'est pour l'amour d'Alison;
Quand i'ay mangé mes nauets,
Ie luy compose des Sonnets.

L'autre jour aux Quinze-vingts
Ie luy donnay des raisins,
Pour luy lâcher doucement
Ses affaires du Ponant.

Elle compte tous les mois
Mes perfections par ses doigts;
Et moy auec des jettons
Ie luy calcule ses cirons.

Bien que son chien de museau
Cause mon martyre,
I'aimeray jusques au tombeau
Son cruel empire;
Ha ! que le sujet est beau
Pour qui ie soûpire.

SCENE V.
ROBIN, ALISON.

ROBIN.
Bon-jour, bon-jour la voisene,
Hé bien, que vous dit le cœur?

ALISON.
Si-toſt que i'ay beu chopene,
Ie ne ſens point de douleur.

ROBIN.
Ardez, ma pauure voisene,
Pardy ie vous aime tant;
Quand vous me faites la mene,
I'ay l'eſprit tout mal content.

ALISON.
Ma foy, ma foy, Robinet,
Vous n'auez que du caquet.

ROBIN.
Aliſon, mon eſperance,
Que ie baiſe ton groüin;
N'en bourſouffle point ta pance,
Suis-je pas garçon de bien?

 Aga, vois-tu, i'ay ta vertu,
Et ta chore en eſtime;
En deuſſay-je eſtre battu,
Si faut-il que ie t'aime.

 Si tu veux pour témoignage
De ma bonne affection,
Ie te bauray du fromage

Pastorale en Chansons.

Gras à la parfection.
Ie suis garçon de bon renom,
Et de bon parentage,
L'on me connoist par mon nom
Dans tout le voisinage.

ALISON.
Hola ! ho vartuchou,
Qui ne te connoistroit, bon drole,
Tu ferois bien valoir tes choux.

ROBIN.
Ha ! que ton visage est biau,
Mon cœur, fais que ie le baise.

ALISON.
Vostre cœur est dans le ventre d'vn Viau,
Ie déchireray vostre fraise,
Les baisers sont retournez,
Robin, ce n'est pas pour vostre nez.

ROBIN.
Pour vous toucher du bout du doigt,
En estes-vous si vargogneuse?
Ie vous aime tant sur ma foy,
Que la chore en est varmeilleuse.

ALISON.
Hola ho, le biau Varlet,
Dame arrestez-vous, ô voire,
Ie me boutray en colere,
Vous gastez mon biau collet.

ROBIN.
Ie soûpire nuit & jour,
Alison, pour ton amour,
Et tu n'as point piqué
De ma farme amiqué.
Te souuient-il dans ces Bois
Que ie t'y cassois des noix,

L'Inconstant Vaincu,

Le long d'vn coulant ruſſiau
Ie te ſeruois de baſtiau.

Dedans ces Prez Saule vars
Ie te chantois mille Vars,
Et tu n'as point piqué
De ma farme amiqué.

Poſſible vn jour, mon ſoucy,
De moy tu prandras marcy,
Et tu auras piqué
De ma farme amiqué.

ALISON.

Amy la Ramée
Pour Dieu couurez-vous,
Ie ſerois blâmée
Si auiez la toux;
Car voſtre loquence
Me donne eſperance
Que ſerez vn jour
Grand falot d'Amour.

ROBIN.

Aliſon, chere Aliſon,
Fais-moy raiſon,
Si tu veux,
De mes vœux;
D'vne excuſe
Ne m'amuſe,
Et ne me paye iamais
D'vn ſi, d'vn car, ny d'vn mais.

A quoy bon tant de paroles,
Ne veux-tu pas bien m'aimer?
Ie ſuis vn de ces bons droles
Que tes yeux ont ſceu charmer;
Si tu ne me crois, ie jure
Que ie n'ay aucun defaut,

Car ie sçay que la Nature
M'a donné ce qu'il te faut.
ALISON.
Va-t'en porter ailleurs
Ton amoureux langage;
En fait de mariage,
J'abhorre les railleurs.
ROBIN.
Toy qui as causé
Mon amour extréme,
Par vn doux baisé
Montre que tu m'aime;
Alison, ie fais serment
De t'aimer vniquement.
Ne refuse pas
Ce doux témoignage,
J'aime tes appas,
J'aime ton visage;
Et si tu veux desormais,
Tu m'aimeras pour iamais.
ALISON.
Tant d'inutiles promesses
Ne valent pas vn festu,
Elles n'ont de la vertu
Que pour marquer leur foiblesse,
Car les sermens que tu fais
Ne valent pas vn effet.
ROBIN.
Puis que tu m'as pris le cœur,
Soulage vn peu ma langueur.
ALISON.
Vous prenez bien de la peine
Pour me donner de l'amour;
Mais ie jure par le jour

Que vostre esperance est vaine;
Retirez-vous, ie connois bien
Que vos discours ne valent rien.   *Elle rentre.*
         ROBIN.
Si ie ne vous épouse vn jour,
On me varra creuer d'amour.

SCENE VI.

TIRSIS en sa Solitude.

Que pretendez-vous, mes desirs,
 Ne songez plus à ma defense,
Faites cesser tant de soûpirs,
L'ingrate Philis s'en offense;
Puis que sa cruauté ne me sçauroit guerir,
  Mourez, ou me faites mourir.
  Ses regards me donnent la mort,
  Et ie ne puis viure sans elle;
  Si ie me plains, ie fais effort,
  Rien ne me plaist que ma cruelle;
Puis que sa cruauté ne me sçauroit guerir,
  Mourez, ou me faites mourir.
Ne deliberons plus, courons droit à la mort,
La tristesse m'appelle à ce dernier effort,
    Et l'honneur m'y conuie,
    Ie n'ay que trop gemy;
    Si parmy tant d'ennuy
    I'aime encor la vie,
    Ie suis mon ennemy.

Pastorale en Chansons.

Doux complices de mes ennuis,
Silence, Rochers, Solitudes,
Ombres noires Filles des nuits,
A qui j'ay tant de fois dit mon inquietude,
Témoins aueugles & discrets,
Soyez les confidens de mes derniers regrets.

SCENE VII.
TIRSIS, LYSIS, CELIMENE.

LYSIS.

IEunes Zephirs, dont l'amoureuse haleine
Caresse Flore en ces lieux écartez,
Ie vous apprends que toutes les beautez
N'auroient sur vous qu'vne puissance vaine,
Si comme moy vous aimiez Celimene.
   Que les Amours suiuent la belle Flore,
Que le Printemps la couronne de fleurs,
Que ses attraits luy gagnent mille cœurs;
Ieunes Zephirs, ie vous le dis encore,
Rien n'est égal à celle que j'adore.
   Petits Oyseaux qui soûpirez la peine
Que vous souffrez en ces tristes deserts,
Ie vous apprends que vos diuins concerts
Seroient enfin l'objet de vostre haine,
Si vous auiez entendu Celimene.

CELIMENE.

Ie dis par tout que vous estes vn Ange,
   Vn miracle d'amour;
Il n'est parlé que de vostre loüange

Dedans tout ce sejour;
Autre que vous ne luit dedans mon ame,
Ie fais ce changement,
Et Lysis seulement
Nourrit ma flame.

TIRSIS *à part, & couché.*
Helas! Bergere cruelle,
Quand finiront vos mépris?
Que vos beaux yeux, inhumaine,
Enfin me priuent du jour;
Ny vos yeux, ny voſtre haine,
N'éteindront point mon amour.

Il n'eſt rien de ſi farouche
Dans cet aimable deſert,
Que l'Amour enfin ne touche,
Et n'enchaiſne dans ſes fers.

Vous ſeule, injuſte Bergere,
Pouuez éuiter ſes coups;
Mais vous ſeriez bien legere,
S'ils ne l'eſtoient plus que vous.

Ces Bois, ces Prez, ces Fontaines,
Sont les témoins de ma foy;
Si vous doutez de mes peines,
Ils vous le diront pour moy.

LYSIS.
Ta Philis ſi belle
Qu'on vante ſi fort,
Pourquoy ne vient-elle?
Vraymant elle a tort.

CELIMENE.
Son Tirſis ſoûpire
Apres ſes appas;
Que veut-elle dire,
De ne venir pas?

Pastorale en Chansons.

SCENE DERNIERE.
TIRSIS, LYSIS, CELIMENE, PHILIS, SILVANDRE.

LYSIS à *Philis*.

HA! qu'il est doux
D'aimer, belle Bergere;
Ha! qu'il est doux
D'aimer, & d'estre aimé.

PHILIS.

Tirsis est-il perdu pour moy?
M'auroit-il bien faussé sa foy?
Sa flame est-elle éteinte?

CELIMENE.

Tirsis, ton Berger fidelle,
Pres de ce lieu est assis,
Qui dit, Bergere cruelle,
Quand finiront vos mépris?
Que vos beaux yeux, inhumaine,
Enfin me priuent du jour;
Ny vos yeux, ny vostre haine,
N'éteindront point mon amour.

PHILIS.

Quand on souffre trop frequemment
Les tristes plaintes d'vn Amant,
Bien-tost l'on s'empoisonne;
Amour sçait prendre également
Celle qui s'engage aisément,
Et celle qui raisonne.

CELIMENE.
Pour conseruer sa liberté,
En vain l'on s'arme de fierté,
Et long-temps l'on façonne.
En vain pour viure librement,
D'vn triple cœur de diamant
Son cœur on enuironne.
Nul ne s'exempte du destin,
Et contre ce rusé mastin
En vain l'on se cantonne.

PHILIS.
I'ay crû jadis m'en exempter;
Mais que sert-il de s'en vanter?
Sur ma foy i'en frissonne.

TIRSIS à part.
Laisse-moy soûpirer, importune raison,
    Laisse couler mes larmes;
Mes déplaisirs sont doux, mes tourmés ont des char-
    Et i'aime ma prison;   [mes,
Ha! puis que ma Philis me defend d'esperer,
Au moins en expirant laisse-moy soûpirer.
  Sortez, sortez, mes soûpirs, & mes larmes,
Enfin ma mort ne se peut diuertir;
Mon cœur ressent de mortelles alarmes,
    Philis par ses charmes
Retient mon ame, & ie veux mourir.
  Quittons, quittons ces tristes lieux, *Il se leue.*
Le sort nous est trop rigoureux,
Il vaut mieux mourir aupres d'elle,
Amour m'impose cette loy.   *Se tournant il se*
Ha! miracle d'amour,   *trouue pres de Philis.*
Pres du Soleil faut-il perdre le jour?
    Philis qui me voyez mourant,
  D'vn œil indiferent,

Pastorale en Chansons.

Vous n'aurez plus de peine à me souffrir,
Ce soûpir importun est mon dernier soûpir.
  Ie n'attends pas de vous
  Vn traittement à ma flame plus doux;
Mais seulement écoutez mes langueurs,
Ie mourray satisfait de toutes vos rigueurs.
  Soyez sourde à mes vœux,
  Mais connoissez que ie suis amoureux;
Sans que l'espoir soulage mes langueurs,
Ie mourray satisfait de toutes vos rigueurs.
Que vos beaux yeux en voyant mon martyre
  Au moins plaignent mon sort;
Souffrez les vœux d'vn Amant qui soûpire,
  Estant pres de la mort.

LYSIS.

  Ha! tu dois bien auoir de la douceur
    Apres tant de rigueur,
  Et retirer vn miserable Amant
    Du monument.

CELIMENE.

  Témoigne donc à ton tour
  Que tu as pour luy de l'amour,
Et que tes rigueurs extrémes ont fait place à la pitié,
Et que tu sens dedans ton cœur à present pour luy de
TIRSIS.   [l'amitié.
  Mon cœur qui se rend à vos coups,
Ne se plaindra, Philis, ny du Ciel, ny de vous;
Ie mourray d'vne mort que i'auois bien préueuë,
I'ay perdu dans mon mal tout espoir de guerir;
  Et dés lors que ie vous ay veuë,
  I'ay bien deu songer à mourir.
    Malgré la rigueur de mon sort,
Ie vais taire en mourant le sujet de ma mort,
Et benis les appas dont vous estes pourueuë:

Mais apres les tourmens que vos yeux font souffrir,
 Qui sçaura que ie vous ay veuë,
 Sçaura bien qui m'a fait mourir.
Il veut s'en retourner dans sa solitude, elle l'arreste.

PHILIS.

Enfin, Tirsis, il t'est permis
De te venger dessus moy
Tout le mépris que i'ay fait de ta foy,
Ie me suis moqué des Amans
Que i'ay veu languissans;
 Mon cœur soûpire,
 Et ie n'ose dire
 Le mal que ie sens.

TIRSIS.

Pouuois-tu douter de ma foy,
Toy. Philis, qui connois le secret de mon ame,
Et qui sçais que mon cœur ne fût iamais qu'à toy?
Il ne pouuoit brûler d'vne plus belle flame.

PHILIS.

Bien que i'aye fait resistance
Pour me defendre de t'aimer,
En voyant ta constance
Et ta perseuerance,
Nul autre seruiteur
N'est maistre de mon cœur.

TIRSIS.

Cessez, tristes soins,
Iadis de mes peines témoins;
Cessez, mes langueurs,
Philis n'a plus pour moy de rigueurs.
 Sanglots, plaintes, soûpirs,
Faites place aux plaisirs,
Mes douleurs ont vaincu la rigueur de mamie,
Ne parlez plus, on me va secourir;

Mes maux vous ont donné la vie,
Et mon bonheur me fait mourir.
Quand on voit finir son tourment,
Apres auoir souffert vne douleur extréme,
Et qu'on se voit traitté plus fauorablement
De la Beauté qu'on aime,
C'est vn plaisir qui ne peut s'exprimer
Que par celuy qui sçait aimer.

PHILIS.

L'amitié que i'ay pour vous
A fait beaucoup de jaloux;
Mais ie vous jure la foy,
Que l'ordre de la Nature
Change a plutost que moy.

TIRSIS.

Philis, ie n'aime que vous,
Tous les jaloux sont des foux;
Aimez-moy de mesme
D'vn amour extréme.

PHILIS.

Tirsis, tu es le possesseur
Et le maistre de mon cœur,
Regarde si ie t'aime
D'vn amour extréme.
Oüy, mon Tirsis, crois moy,
Ie suis à toy,
Et ie t'engage ma foy,
Pour preuue que ie t'aime
D'vn amour extréme.

TIRSIS.

Traittez comme vous voudrez
Mon seruice & ma flame,
Toûjours vous possederez
Et mon cœur, & mon ame,

I

Sans auoir aucun desir,
Philis, que de vous seruir.
SILVANDRE.
Philis, vos beautez luy rendent le jour,
Et vos yeux font en ce sejour
Mourir la douleur, & renaistre l'amour.
LYSIS *à Tirsis.*
Mon amour a fait le choix
Du cœur le plus fidele
Qui se rencontra iamais,
Elle est seule sans pareille,
Ie luy ay donné ma foy comme ie la tiens d'elle,
Rien ne me plaist que Celimene,
Elle seule peut tout sur moy,
Depuis que i'ay receu sa foy,
Ie l'adore, elle m'aime,
Celimene, voicy le temps   *à Celimene.*
Qui doit rendre nos vœux contens.
CELIMENE.
Espere, mon Berger fidele,
Qu'auparauant qui soit trois jours,
Nous joüirons de nos amours,
Mon cœur me le conseille.
SILVANDRE.
Viuez heureux, beau couple de ménage,
Puisse le Ciel de nostre mariage
Fauoriser le destin, & les vœux;
Quand d'autres & moy seront à cet extréme,
Ie vous supplie de nous dire de méme,
Viuez heureux.

FIN.

www.ingramcontent.com/pod-product-compliance
Lightning Source LLC
Chambersburg PA
CBHW070526100426
42743CB00010B/1963